U0466338

不纠结的哲学

【古罗马】塞涅卡、爱比克泰德、奥勒留 著
王铜静 编译

中国文联出版社

图书在版编目（CIP）数据

不纠结的哲学 /（古罗马）塞涅卡，（古罗马）爱比克泰德，（古罗马）奥勒留著；王铜静编译．-- 北京：中国文联出版社，2022.3

（彩虹哲学 / 苏德超主编）

ISBN 978-7-5190-4769-6

Ⅰ．①不… Ⅱ．①塞… ②爱… ③奥… ④王… Ⅲ．①斯多葛派－哲学理论－通俗读物 Ⅳ．① B502.43-49

中国版本图书馆 CIP 数据核字 (2021) 第 258605 号

不纠结的哲学

原　　著：【古罗马】塞涅卡　爱比克泰德　奥勒留
主　　编：苏德超
编　　译：王铜静
责任编辑：张超琪　黄雪彬
特约编辑：李晨昊　张维祥
责任校对：鹿　丹
装帧设计：M°° Design

出版发行：中国文联出版社有限公司
社　　址：北京市朝阳区农展馆南里 10 号　　邮编：100125
网　　址：http://www.clapnet.cn
电　　话：010-85923091（总编室）　　010-85923058（编辑部）
　　　　　010-85923025（发行部）
经　　销：全国新华书店等
印　　刷：湖北恒泰印务有限公司

开　　本：787 毫米 × 1092 毫米　1/32
印　　张：10.5
版　　次：2022 年 3 月第 1 版
　　　　　2022 年 3 月第 1 次印刷
书　　号：ISBN 978-7-5190-4769-6
定　　价：58.00 元

版权所有　侵权必究

如有印装质量问题，请与本社发行部联系调换

丛书序：幸福、快乐与生命的满足

“你幸福吗？”

这有点不好回答。我们更愿意回答的问题是：“你快乐吗？”后一个问题直截了当。幸福是一个更私人的话题，不能随随便便就讲出来。但快乐不同，快乐可以写在脸上，渗在声音里。趋乐避苦是人的本性。尤其是当下的快乐，对所有人都具有强大的吸引力。它好像是一个终点，我们愿意停在那里。美味的食物、动听的音乐、曲折的故事、刺激的游戏……这些东西让我们沉醉。就算过去了，我们还津津乐道。

但是，当下的快乐并不是终点，而只是人生旅途的一座座小站。几乎没有人一直沉迷在快乐中。一则快乐的边际效用会递减，重复的快乐让人乏味；二则快乐有成本，而快乐本身不足以支付这个成本。于是，为了快乐下去，我们必须抛开当下的快乐。有点悖理，却是事实。

离开当下的快乐，我们要到哪里去？常见的回答是下一站快乐。然而，在到达下一站之前，我们干什么呢？大多数人将不得不努力工作，或者努力学习，这样才能支付未来的快乐成本。心理学家发现，那些主动延迟即时满足感到来的儿童，长大后更容易获得世俗意义上的成功。忙着吃巧克力的孩子，不但会吃坏牙，而且也浪费了本可以用于学习的时间。隐忍、坚毅在哪一种主流文化中都是美德：对唾手可得的快乐视而不见，努力，再努力，直至想象中的更大快乐出现。本性要求趋乐避苦，文化却号召我们吃苦耐劳。重要的不是眼前的、看得见的快乐；而是未来的、看不见的快乐。有点赌博的意味，但经济和文化却因此繁荣起来。拼搏的人生才是最有意义的。拼什么？拼工作，拼学习。

事实上，一些人是如此地拼，以至于他们几乎总是把眼前的收益贮存起来，不急于兑付，以等待更大的快乐出现。更大的快乐里面，有家庭，有事业，有意气风发的壮年，有平淡而充实的老年。他们不但希望自己这样，也希望自己的孩子这样。甚至为了孩子，不少人放弃了自己对快乐的追求。身边的人意气风发，他们隐忍；身边的人志得意满，他们隐忍。隐忍的目的，只是为了孩子能有一个好的环境，可以刻苦学习，以便长大以后能找个好工作。自然，长大以后，这些孩子也会有他们的孩子。可以想见，他们大概率会走在同一条路上。

这就让人想起下面这则故事。从前有个放羊娃，每天辛辛苦苦地放羊，让羊长肥，长肥了就可以赶到集市上卖钱，有了钱就可以买更多的羊崽来放，有更多的小肥羊，卖更多的钱，直到这些钱足够娶媳妇，娶了媳妇就可以生孩子，生的孩子就又可以放羊了……看出来了吧，我们每个人都是放羊娃，只是工种不同而已。放羊自然是想得到快乐，但为了更大的快乐，我们忘记了快乐，只记得放羊了。放羊就是我们的工作。

人生就这样代际循环。海德格尔曾经这样总结亚里士多德的一生：他出生，他工作，他死去。人生的循环，概莫能外。一代一代的人，他们出生，他们工作，他们死去。从表面上看，工作联结着出生与死亡。但是很明显，工作的意义，并不是去充当从出生到死亡的摆渡者。为什么要工作啊？因为这样就可以走向死亡了。这也太荒唐了。凡是来到世间的，终将离开。工作还是不工作，都不会改变这一点。

我们工作，显然是因为我们另有所求。

这个所求当然包括快乐。最常见的快乐包括物质的享受、权力的攫取和知识的追求。更好的工作会带来更多的财富，财富愈多，物质保障愈好，我们愈能免于饥寒之迫，疾患之苦；身体无苦痛，那是何等的轻松。更好的工作，往往能带来更大的权力，让我们能影响更多的人；一呼百应，旌旗如云，那是何等的快意。更好的工作，可以让我们知道得更多，不被无明掩蔽；一切了然于胸，那是何等的畅然。从某个意义上理解，生命就是一场自我体验。注重快乐，会让我们活得内在一些。生命，不是用来张扬的，而是用来过活的；它不是别人眼中的风景，而是自己心头的喜悦。

但事情似乎没有那么简单。物质的丰富、权力的大小和知识的渊博跟快乐的关系并不密切。不是说财富越多、权力越大、见闻越广就越快乐，忧心忡忡的富人、提心吊胆的当权者、郁郁而终的学者并不少见。人类学家发现，都市里的白领并不比丛林中的原始人更快乐。

况且，快乐不一定好。快乐是一种当下感觉。人生跟着感觉走，就像开车完全相信自动导航，有时反而到不了目的地。一些快乐是危险的歧路，在感官上诱惑我们，使我们精疲力竭，茫然无措，老子说，“五色令人目盲，五音令人耳聋”；一些快乐是失意的安慰，只让我们暂时避开伤痛，舒张心意，罗隐说“今朝有酒今朝醉，明日愁来明日愁”。这样的快乐，很可能并不值得艳羡，反倒应该同情。

再者说，就算是那些生活中正面的快乐，如果我们执着于它们，很可能就会错过对更深层目标的追求。很多老人在儿孙满堂时回顾自己的一生，平平安安，快快乐乐，一直过着邻居们倾慕的生活，却依旧怅然若失：读书时，为了保险起见，没有填报更合意的学校；工作时，刚刚新婚，拒绝了外派的机会；中年升职，选择了不那么劳累但也不那么出彩的岗位……他们没有做错什么，所以他们一点儿都不后悔。他们又似乎因此错过了什么，所以他们不免有些失落。

回到前面的问题：你幸福吗？要是你不快乐，差不多你并不幸福。快乐是重要的。但是，只有快乐，我们也会有失落的时候，如果生命当中还有一些事情来不及成就，我们就并不心满意足。哲学家们认为，幸福，既指快乐，更指生命的满足。我们要的不只是当下的快乐，更是生命的满足感。心满意足，胜过任何肤浅的快乐，胜过物质、权力和知识。快乐是短暂易逝的。在恋人肩头痛哭一晚，缠绵悱恻的快乐会随着这一晚的过去而消逝，但因此带来的心满意足却是长久的，它将会在回忆中不断地为日渐消瘦的生命注入能量。心满意足了，你就幸福了，哪怕目标没有达到，哪怕人生的烛火就要熄灭。

怎样才能度过心满意足的一生，这是我们面临的最为重要的问题；长期以来，也是哲学的主要课题之一。对此几乎所有重要的哲学家都有过论述。本套丛书选编了西方哲学史上有代表性的七种回答。柏拉图说，“善”是统治世界的力量，我们应该全面地“善”待自己和他人；亚里士多德说，我们应该让自己的生命“兴旺发达”，过理性沉思的生活，活出“人”的样子；斯多葛主义者说，不要放纵盲目的欲望，要跟自然一致；奥古斯丁说，相信点什么比什么也不信强，相信这个宇宙的设计者则会得到至福；卢梭说，真实地活在自己的世界中，不要让欲求超过自己的能力；尼采说，追求自己的事业，跟痛苦“正面刚”；罗素说，有感情，但不要感情用事。在选编中，我们尽量去掉了过于理论化和技术化的部分，希望这套书能够给大家提供人生的镜鉴。

所有的雨后，都可能出现彩虹，只要有阳光，只要我们站在恰当的地方。雨，是所有的挫折；阳光，是我们对生命的热爱；哲学家们的思考，则是到达这些恰当地方的路线图。

苏德超 2020 年 4 月于武汉

目录

II

爱比克泰德论——人生如何不纠结

导读

塞浦路斯岛人芝诺（Zeno）（约公元前336—约公元前264年）在雅典市中心大市场旁的彩绘柱廊（希腊文stoa，原意指门廊或柱廊）里开设学园讲学，并由此形成了一个学派，被称为斯多葛派。此芝诺并不是哲学界大名鼎鼎的“芝诺悖论”中的芝诺，那个芝诺是意大利半岛南部的埃利亚人（Zeno of Elea，约公元前490年—公元前425年），是巴门尼德的学生；而这个芝诺则要比他晚一百多年才出生，是斯多葛派的创始人。斯多葛派是晚期希腊与罗马哲学中最重要的一个哲学流派，与柏拉图的学园派、亚里士多德的逍遥派以及伊壁鸠鲁派一起，被称为古希腊的四大哲学学派。

斯多葛主义曾广泛流传，持续传播，作为一个学派存在了600余年，大致分为早（公元前3世纪）、中（公元前2世纪—公元前1世纪）、晚（公元1世纪—2世纪）三个时期。学派人物众多，早期的斯多葛主义者多是叙利亚人，后来则更多的是罗马人。早期斯多葛主义者最为著名的有创始人芝诺、第二代传人克莱安赛、第三代领袖克律西普等；中期代表有帕奈提乌、波希多纽、西塞罗等；晚期有著名的塞涅卡、爱比克泰德和奥勒留。早期斯多葛主义者的作品流传下来的只有少数片段，晚期的重要人物塞涅卡、爱比克泰德和奥勒留的作品则比较完整地流传了下来。

斯多葛派早期以雅典为中心奠定基本学说，吸收了古希腊诸多哲学家的思想，尤其青睐于犬儒派的哲学理念，但没有那么极端；中期处在希腊化末期和罗马文明交接时期，学说更加折中，在罗马帝国上层统治集团和知识界有广泛影响；晚期处在罗马帝制时期，也被称为罗马斯多葛派，更多聚焦于伦理学方面，成为罗马帝国的"官方哲学"。许多代表人物与上层统治集团关系密切，在当时的社会文化中占据主导地位并有广泛影响。他们的世界公民理论，为取代城邦制的希腊化世界、建立帝国统治的罗马世界提供了理论支撑。他们的学说对后世的统治者也颇有影响，罗素在《西方哲学史》中提道："吉尔伯特·穆莱教授说：'几乎所有的亚历山大的后继者——

我们可以说是芝诺以后历代所有主要的国王——都宣称自己是斯多葛派。’”

斯多葛派流传甚久，其学派思想在继承、流传、发展中有着诸多变化，甚至可以说其创始人芝诺的学说，和最著名的斯多葛主义代表奥勒留的学说是截然不同的。比如，芝诺是个典型的唯物主义者，其学说混合了犬儒主义和赫拉克利特的诸多观点；但到了后面的徒子徒孙，则接受了不少柏拉图主义的观点，逐渐放弃了唯物主义的立场。不过，虽然斯多葛主义者批评过许多哲学家，比如柏拉图、亚里士多德、伊壁鸠鲁等，但是他们始终非常崇敬苏格拉底。在历史长河中，斯多葛派一个比较显著的变化是，早期的哲学讨论还涉及本体论的诸多方面，到后来哲学论题的涉及面却变小了，越来越偏重于伦理学和与伦理学有关的神学部分。

虽然斯多葛派的哲学家在数学、逻辑学等方面也有贡献，不过，他们认为哲学中最重要的部分是伦理学，其他的哲学部分都是附属于伦理学的。他们把哲学比作是一个果园，其中逻辑学是围墙，物理学是果树，伦理学则是果实；还把哲学比作是一个蛋，逻辑学是蛋壳，物理学是蛋白，伦理学则是蛋黄。逻辑学、物理学和伦理学构成了斯多葛派的哲学体系。

斯多葛派是最早使用“逻辑”（Logike）一词的学派，其逻辑学主要研究认识真理的准则，既包括认识论和存在的范畴学，也包括修辞学和辩证法，特别强调理性在其中的主导作用；其物理学则是研究自然之理的，基本世界观的立场是自然、理性和神统一的宇宙决定论；最为重要的是伦理学，强调人类由于理性而自由，哲学就是智慧的实践，也是对当时的社会伦理的重要建构。斯多葛派伦理学说的核心论题改变甚少，这一点保持了这个学派的一贯性。

斯多葛派的宇宙决定论不同于通常所谓的宿命论。其创始人芝诺认为，自然的过程是严格地为自然律所决定的，自然界不存在偶然性。受赫拉克利特的影响，他认为世界的起源是火，然后演变出各种物质，并且终将会又有一场宇宙大燃烧，一切又回归到火。这场燃烧并非是最后的终结，仅是一次循环的结束，整个宇宙是永无休止的循环往复的重演。宇宙的整个过程，由一个“立法者”所规定，而这个“立法者”本质上就是一个仁慈的天意。虽然“立法者”

是仁慈的天意，但是自然事物本身并不具备善、恶的性质。世界的灵魂被称为神或宙斯，神、宙斯、心灵、命运都是同一个东西，我们每个人也都包含着一部分神圣的火，这就是人的理性和自由选择的能力（自由意志）。整个宇宙及其各个部分（包括人类）都是有目的的，当人运用理性使自身的目的与整个自然的目的相一致时，个体的生命就与自然相和谐了，就达到了善。

由此可见，善恶与人的理性的运用有关。所谓德行就是与自然相一致的自由的意志。真正知道善恶的人，就是主动顺应自然律的人，与自然保持一致，比如平静愉悦地接纳人必有一死这样的自然现象；对善恶无知的人，虽然也不得不遵守自然律，却是被动的，就如同拴在车后面的一条狗，不得不随着车子一起走，面对死亡，他们充满了惊恐不安。在人生中，唯有德行是善，一切身外之物，乃至生老病死，都与善恶无关，是不足为道的。人包含着宇宙灵魂的一部分，具有理性和自由的意志，因此，所有好的和坏的东西都取决于自己；而不取决于自己自由意志的事物，则是说不上好或坏的。一个人的德行完全靠他自己，旁人是无法左右的，旁人能改变的只是他的身外之物，包括他这个人的生命。

一个人只要通过个人的理性的努力，就能把自身从世俗的欲望中解脱出来，从而达到完全的自由。斯多葛派所推崇的哲人，在一切事物上都是自己命运的主人，没有任何外界的力量可以剥夺他的德行。

这当然受到了时代变迁和社会环境的影响，正如罗素所言："在坏的时代里，他们就创造出来种种安慰；在好的时代里，他们的兴趣就更加纯粹，是理智方面的。"斯多葛派所处的大的时代背景是动荡不安的，也可以说是破旧立新、冲突剧烈的时期。为什么这么说呢？古希腊有许多被称为城邦的小共同体，比如雅典、斯巴达、迈锡尼、底比斯、柯林斯、色雷斯、马其顿等。各城邦决定各自的生活规则，如雅典和斯巴达就各有特色：雅典崇尚理性，斯巴达崇尚武力。希腊人都以各自所属的城邦为荣。后来，城邦逐渐解体，亚历山大大帝建立了帝国。与之相伴随的是，以城邦标识身份的希腊人开始失去心灵的依托，也就是旧有的生活规则或习俗等被打破，到了破旧立新的动荡时代。其间伴随着大大小小的战争，各城邦的融合，以及外来人口的融合等，也可以说是各种骚动的因素互相叠加着。

斯多葛派所处的时代是“两希文明时代”，也就是古希腊—罗马和古希伯来—基督教文明冲突融合的阶段，其时间从公元前3世纪一直延续到公元8世纪。时代变动之下，这个时期哲学的主题之一就是“如何消除内心的不安”，哲学家企图为个人的心灵宁静寻找依据，他们的哲学具有了明显的伦理学取向和宗教取向，有人将之称为“哲学治疗”的哲学。

斯多葛主义者相信理性是人类生而具有的，理性守护着人类的幸福。一方面，斯多葛主义者认为所有的自然现象，诸如生老病死，都只是遵守大自然不变的法则，因此人必须接受自己的命运。另一方面，他们又思想开放且包容，富有时代精神，虽有节制欲望的明确要求，却比犬儒学派更接受现实，关心社会和政治生活。他们鄙视外物，强调不要被外物所累，但是并不逃避现实，认为人们为社会而生，应积极入世，不必执着于劳动的回报。他们关注当下，认为通过哲学的实践，便能得到当下的、也是最好的自由和幸福。

在斯多葛派看来，幸福在于内在的统一和生活的和谐。想要达到幸福的状态，按照本性去生活是必要和充分条件。但是这里的本性并不是我们一般理解的动物本性，恰恰相反，这里指的是“人”的本性，即人所具有的理性能力，这种理性能力是对世界的神性的一种分有。此学派提倡不为感情所左右，追求淡泊宁静的生活方式。人们想要更多的钱，想要各种美食，想要更大的权力，想要各种享乐，人类有各种各样的欲望，从而造成了许多痛苦。斯多葛派强调，不可感情用事，而要用理性进行沉思，用理性反思各自的欲望，打破欲望的迷惘，并祛除那些欲望，保持与自然和谐一致的生活。

一般人把这种生活方式称为斯多葛的生活，并简化为“禁欲”的生活，这种理解把斯多葛简单化了。斯多葛的“禁欲”不是简单地对肉体欲望的仪式化克制。斯多葛派强调要通过理性的沉思，达到从欲望的束缚中解脱出来的境界。清心寡欲、淡泊宁静，这就是斯多葛派所追寻的幸福。

斯多葛主义在希腊化和罗马文明中都是官方支持的主导思想，

它盛行了六个世纪，渗透进社会秩序、意识形态和科学文化等方方面面，是晚期希腊和罗马哲学演进的重要环节，蕴含着丰富而宝贵的人类精神财富。到了文艺复兴和启蒙运动时期，它依然对西方资产阶级革命有着重要影响。它所宣扬的精神致力于培养好的公民，对人类十分有益。正如孟德斯鸠在《论法的精神》中所言，斯多葛派虽然把财富、地位、苦乐看作是空虚的东西，却“依然埋头苦干，为人类谋幸福，履行社会义务”，所以只有这个学派培养出了伟大的人物、伟大的帝王。斯多葛派还第一次论证了天赋人权的观念，较早论述人生而平等这一人本主义理念。

直到如今，它的诸多理念还对哲学、心理学等领域有着重要影响，仍然受到欢迎。斯多葛派非常强调对内心事物和外在事物的区分：内心事物由自由意志决定，取决于自己；外部事物并不完全是自己能决定的。因此，要通过理性的沉思来严格区分这两个方面，从而达到一种“斯多葛式的冷静”（stoic calm）。这种区分被后人称为“斯多葛控制二分法”，并将其神奇效果称为“爱比克泰德的许诺”。

通过从日常小事做起，不断地训练斯多葛控制二分法，在面对人生起伏的时候，做到宠辱不惊、不可战胜，也就是我们常说的成为一个坚韧的人。这种训练并非禁欲式的压抑，而是一种类似于清修的疏导训练。通过理性的思辨与沉思，解决个人认知的冲突，从而正确地处理各种凡尘琐事，让内心始终保持在一种自由且和谐的状态，如此，便是幸福的状态。

一言以蔽之，斯多葛派的幸福之道就是：红尘已看破，入世仍积极；顺境固可喜，逆境显帅酷；外在不由我，自由全在心。

I

塞涅卡——愤怒、施惠与幸福

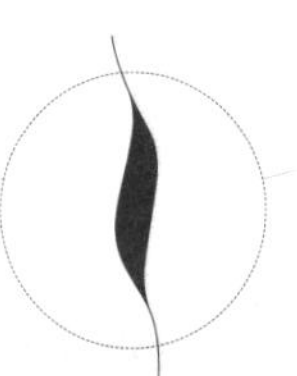

塞涅卡（约公元前4年—65年），斯多葛派哲学家、悲剧作家、政治家。他是身处政治漩涡中的哲学家，是暴君尼禄宫廷中的人文主义者，被赞誉为“帝国的良心”。他出生于古罗马的一个骑士家庭，排行老二，父亲是一位官员和著名的演说家，母亲有良好的教养且热爱哲学。塞涅卡受母亲影响颇多，热爱他的母亲，这在他写给母亲的《对赫利维亚的安慰》一文中有体现。他还有两个兄弟，大哥从政，官至罗马行省总督；小弟内向，儿子是著名诗人卢卡。他家境优渥，自幼接受了良好的教育，大概在提比略皇帝时期开始从政，曾任罗马帝国会计官、元老院元老以及司法事务执政官，他最为人知的职位是做过罗马著名暴君尼禄的老师和顾问。塞涅卡自幼体弱多病，年少时患有严重的肺结核。他的家庭生活在中年时遭遇不幸，在被皇帝迫害流放时，第一任妻子和唯一的儿子接连离世。

塞涅卡一生波折，多次与死神擦肩而过。特别是他与克劳狄王朝三位皇帝的纠葛，成为人们津津乐道的话题。第一位是卡利古拉（公元 37 年—41 年在位），他是位有名的暴君，因为对塞涅卡的卓越演讲能力和名望羡慕嫉妒恨，以至于想杀了他，好在塞涅卡当时据说患了重病，算是逃过一劫。

第二位是克劳狄一世（公元 41 年—54 年在位），这位皇帝给他的罪名是与皇室贵妇有染，这位贵妇就是他的侄女，也是前任卡利古拉皇帝的姊妹，其真实原因则是塞涅卡与这位贵妇的良好关系惹来了当时的皇后的忌恨，认为这威胁到了她的后宫地位；于是，在元老院审判了他，并判死刑，但是没有执行，而是把他流放了。塞涅卡的大部分哲学著作就是在流放中写出来的。过了几年，卡利古拉的另一位妹妹阿格里皮娜成了新皇后，这位新皇后家世显赫，野心勃勃，手段也十分了得，皇帝是她的第三任丈夫，她嫁给皇帝后迅速掌握了实权，架空了皇帝。鉴于塞涅卡的才华和名望，她将塞涅卡召了回来，还让他成为自己儿子尼禄的老师。

第三位皇帝就是尼禄（公元 54 年—68 年在位）了，他最终赐死了塞涅卡。这位皇帝是西方历史上最著名的暴君，疑心重、性格阴暗。这大概源于家庭原因，他强势的母亲毒死了他的继父与皇子，并让他成功取而代之登上皇位，这给他的心里留下了浓重阴影：一方面是母亲的强势对他的长期压抑，另一方面是他母亲淫荡、阴暗的行为使他严重缺乏安全感。

看来塞涅卡诸多的哲学教导，特别是那几篇发人深省的关于愤怒的剖析，以及关于仁慈的谆谆教诲，并没有很好地治愈尼禄的创伤，尼禄最终谋杀了自己的亲生母亲，并弄死了自己的几任妻子，据说其中有一位是在怀有身孕的情况下被尼禄踹死的。

塞涅卡一边看着这位自己教过的年轻皇帝的政绩颇有成就感，一边也要小心翼翼地伺候着这位捉摸不定的暴君。这一时期，塞涅卡的财富、权利和荣耀都达到了人生顶点。不过随着尼禄暴虐、多疑性格的进一步显露，塞涅卡觉察到了自己的无能为力，于是决定急流勇退。公元 64 年，经过两次请求告老还乡，尼禄终于答应了塞涅卡，但是收回了他任职期间得到的大部分财产。不幸的是，塞涅卡刚回家养老没有多久，第二年，就发生了尼禄被刺事件。涉及的人数有很多，尼禄竟怀疑自己的老师也参与了进去，于是“恩赐”塞涅卡自尽。

塞涅卡的自杀体现了他作为斯多葛主义者极为崇高的一面。当他的妻子（第二任）要求和他一起赴死时，他并没有反对，而且说：“我已经为你指出了在生活中得到慰藉的办法，但你仍愿选择光荣赴死，我一点儿也不反对你去树立这样一个光辉榜样。让我们一起分享坚定地死亡的勇气吧！愿你的死亡成为荣耀！”根据罗马史学家塔西佗的记载，塞涅卡临危不惧，还准备在死前写一篇长篇大论警示世人，但是被告知时间不允许他这样做。于是，他对家属们说了一段大意是这样的话：你们不必难过，我给你们留下的财富比土地上的财富要珍贵得多；我留下了一个有德行的生活典范！随后，他找来秘书记下了他的临终话语，从容地割腕自尽。

塞涅卡一生著述颇多，现存的有 12 篇关于道德的谈话和论文，124 篇随笔散文收录于《道德书简》和《自然问题》中，另有 9 部悲剧等文学作品。他的著作影响深远。他与早期基督教的领袖保罗有书信往来，他的言论被《圣经》的作者们大量吸收，恩格斯称他为基督教的“叔父”，其著作和思想对基督教的影响甚大。文艺复兴时期，他和西塞罗是当时人们最推崇的思想家，许多文学家和哲学家都赞成他的平等理念，吸纳了他的人本主义思想。塞涅卡的哲学重在讨论人生问题，他继承了斯多葛派的宇宙决定论，认为神性就在于人的心灵中，推崇理性，强调顺应自然，以获得道德上的自由，做一个傲然独立的强者。

塞涅卡对人性的普遍弱点也有很深的洞察。他像一位灵魂的医生一样剖析人间痛苦，认为其根本原因在于心灵理性的不健全，放纵自己的欲望、愤怒、享乐、恐惧等。他主张人要运用理性，不断自省，并掌控自己的人生。

塞涅卡将人所能达到的道德层次分为三级：最高级的是哲人或近乎哲人，他们富有智慧，运用理性完全掌控住了情绪与欲望，随心所欲不违自然；次一级的是在努力进步中的人，能摆脱大部分的情绪与心灵纷扰，但是还不能杜绝其死灰复燃；最基础的级别是能够辨别一般好坏的常人，虽然摆脱了许多恶，但随时又会有做坏事的倾向。他在道德的修炼与进阶上是乐观的，认为只要勤加修炼，每个人都能不断进步。

在政治观点上，塞涅卡既保守又开放。说他保守是因为他的怀古倾向，他认为早期的人类社会才是黄金时代；说他开放是因为他超前地认为人生而平等，哪怕是奴隶也一样。他说："对人类而言，人是神圣的。"他还说："奴隶也是人，他们的天性与其他人没有什么不同，其他人所具有的自豪、荣誉、勇敢和高尚那些品性，也同样被赋予到了奴隶的灵魂中，不管他们的社会地位如何，都是如此。""奴隶只是身体受主人支配，他的心灵是自己的主人。"虽然对社会和政治有悲观情绪，但他仍然积极投入，认为正直的人都有道义为国家服务。他时常劝解尼禄把刀剑收藏起来，把仁慈放在手边。他的思想中有些内容接近近代社会契约论，认为政治是人类堕落的产物，政府是对付恶的一种必要手段。

本部分选文主要展现了塞涅卡如何看待幸福，以及他关于如何获得幸福的建议。他认为，幸福生活就是与自己的本性和谐一致的生活，就是一种绵绵无尽的安宁和自由状态，由于理性天赋而从欲望和恐惧中解脱出来的人就是幸福的人。

怎么获得幸福呢？塞涅卡从肯定和否定两个方面回应了这个问题。所谓肯定的方面，塞涅卡说："实现幸福生活的唯一途径要满足以下条件。首先，心灵要清醒，并保持理智。其次，心灵要勇敢并充满活力，有卓越的忍耐力，能随遇而安，关注身体以及与身体有关的一切问题，但是又淡然处之，毫不焦虑。再者，用心去关注所有为生活增光添彩的东西，但是对其中的任何事物都不要过分看重，利用好命运的馈赠，但是不要成为命运的奴隶。"简言之，幸福生活靠心灵，而非靠身外之物，理智、活力、自主是获得幸福的三大法宝。

否定的方面，是指塞涅卡分析了许多影响幸福的不利因素。比如说，是什么干扰了人的幸福？什么是与幸福无关的？首先，身外之物与幸福无关，比如口腹之欲、财富、权力、健康等。但无关并不意味着拒绝，以财富为例，他说"哲人并不认为自己不配任何命运的馈赠""他富时比穷时会更有余地展示他的能力"。

其次，心灵的不良状态是幸福的大敌，比如愤怒就是扰乱理性和心灵安宁的最大障碍，所以他花费了很大的力气对愤怒作了全方位剖析，并给出了应对策略，这对我们应对现代社会的流行情绪——焦虑，将会有很大启迪。

再者，认知的错误也会导致幸福的缺失，比如我们经常遇到做了好事反而落得抱怨的这种情况。为什么会出现这种情况？是别人忘恩负义，还是自己也有不对的地方？塞涅卡认为恩惠并不在于所给的钱财等物质性东西，而在于行善的一颗心，他说："恩惠到底是什么呢？它是出自自愿的一种行为，这行为给别人带来了快乐，并因此也给自己带来了快乐。做了什么和给了什么并不重要，促使做出这些行为的精神才重要。因为恩惠并不在于东西本身，而在于施惠者的心灵。"如果给人恩惠时别有目的或态度恶劣，那就会败坏恩惠的本意，让人厌烦。

另外，塞涅卡还敏锐地指出，快乐并非幸福，甚至，对快乐的追逐会妨碍幸福的获得。因为，快乐既存在于善中，也存在于恶中，比如各种及时行乐的本质就是一种恶。恶与幸福是无关的，幸福是善，是好的生活。他的相关论述都非常深刻和丰富，具体如何，请您在选文中漫游寻获。出发之前，请记得他的忠告：生命何其短暂，不要浪费在坏心情上。

论愤怒

愤怒是一种癫狂

在我看来，你有理由特别害怕愤怒这种情绪，愤怒是所有情绪中最可怕和最狂暴的。其他情绪中还有一些平静和温和的东西在，然而愤怒完全是激动和冲动。愤怒是一种癫狂，伴随着一种毫无人性的对制造痛苦和血腥复仇的渴求，只要能伤害到别人，完全不顾自身，迎着利刃猛扑过去，渴望复仇，以致要与之同归于尽。

因此，有些哲人将愤怒视作“短暂的疯狂”，愤怒和疯狂一样都是失控了的。忘记了礼仪，不顾约束，顽固地纠结于所发生之事，听不进去道理和建议，为一些毫无根据的小事而激动，认不清公正或真实，一旦针对上某件事情，就要把它破坏殆尽，冲击得七零八落。

其他情绪可以藏着掖着，并不为人知地酝酿着。愤怒却要展露它自己，愤怒就表现在脸上，越愤怒，表现得越明显。

愤怒的代价

去看愤怒所引起的后果和损失，没有什么使人们付出了比愤怒更多的代价。

愤怒是人所特有的

亚里士多德对愤怒的定义与我们对愤怒的定义差别不大，他说："愤怒是熊熊燃烧着的要报复所受痛苦的欲望。"解释他的定义与我们的定义的差别会很费时。有人不同意这两种定义，认为野兽也会发怒，但既不是因蒙冤而激愤，也不是要惩罚对方或使对方遭受痛苦。或许野兽也确实做到了这一点，但这不是它们有意要去做的。对此，我们的说法是，除了人类，野兽同其他生物一样是不具备愤怒的能力的。愤怒也许是理性的敌人，但是同样地，没有理性的地方也不可能会产生愤怒。野兽会冲动、疯狂、残暴和攻击，但是并不会愤怒，就如同它们也并不会让自己沉溺于某物，即使在某些享乐中它们显得比人类更加没有节制。

虽然动物拥有类似这些感情的某种冲动，但是动物不会说话，也不具备人类的感情。否则的话，如果动物能够爱和恨，那么它们也就能够拥有友谊和仇恨、分歧和一致了。就这些而言，在动物那里也貌似有些痕迹，但恰当地说，善和恶只归属于人心。除了人，没有生灵被赋予过智慧、远见、勤奋和审慎这些品性。不仅仅是人类的美德，还有人类的不道德，都是动物所不具备的。

动物确实有嗓音，但那嗓音不适合说出清晰的语句；动物的嗓音是含糊不清的，而且不具备形成话语的能力。动物有舌头，但其舌头裹缠不清，不能够灵活自如地运动。同样地，动物心灵上的支配性原则[①]本身也不精炼，或者说缺乏准确性。动物的心灵能够接受事物的形象和印象，并足够引起其冲动，但这些都是无序和混乱的。动物冲动的发作和它们的骚动，可能是猛烈的，然而，算不上是惊恐或焦虑、悲伤或愤怒，只能算得上是类似这些情感的东西。之所以这样说，是因为这些状态可以很快消退，并且转变成与其相反的状态。对于动物而言，刚刚还处在极其剧烈的疯狂和恐惧中，

① 英文为 ruling principle，其中原则（principle）一词为斯多葛学派的常用术语，特指人的灵魂指挥中心，以及人的感知、触动和思考所发生的地方。这句话是在强调动物心灵与人的心灵存在本质区别。

却转眼就可以去进食了；刚刚还在疯狂地怒吼和横冲直撞，却转眼就安静下来去睡觉了。

愤怒是对惩罚的妄念

愤怒与自然相一致吗？如果我们将目光转向人类，那么答案是显然的。当处在正常的精神状态时，还有什么能比人更和善呢？反之，还有什么能比人的愤怒更残酷无情呢？有谁比人更爱其同类？又有什么比人的愤怒更无情？人生来就是要相互帮助的，愤怒却是要相互伤害。一方想要与伙伴团结，另一方却要各奔东西；一方想要寻求帮助，另一方却给予伤害；一方甚至会去帮助素昧平生的人，另一方却甚至会攻击至爱之人。作为人，甚至会舍身成仁；愤怒却会为了拖别人下水，不惜让自己陷入危险。将这个残酷的、充满破坏性的致命缺点看作是美好的、无瑕疵的作品，还能有什么比这更无知吗？如我所说，愤怒是对惩罚的妄念。这样一种欲念竟能够存在于最平和的人的胸怀之中，当然与人的本性不相符。人类的生活奠基于人与人之间的友善和和睦。人们不是由于恐惧，而是由于对彼此的爱，才紧密团结在一起，成为相互帮助的纽带。

惩罚是为了治愈

“那么，告诉我，任何时候的惩罚都是不必要的吗？”当然有时候是必要的！但不是出于愤怒的惩罚，而是出于理智的惩罚。惩罚不是要去伤害人，而是在看似伤害的形式下去治愈人。这就像我们要去弄直弯的球杆的话，就要将其加热到高温；我们钉楔子的时候要用力砸，不是要弄断这些楔子，而是要弄平它。同样地，我们通过施加在肉体或精神上的痛苦，去矫正被扭曲的和有缺陷的人性。

对于法律的捍卫者和国家的统治者而言，其职责就是尽其所能地通过语言去治愈人性，并且要温和地去劝诫：鼓励人们承担起责任，让对荣誉和公正的渴望占据人们的心灵，让人们憎恶恶行、珍爱美德。如果这样劝诫不行，为了告诫和促进，就可以用一些较为严厉的话语。如果还不行，那就可以动用惩罚了，但是这时依然应该是轻微的惩罚，而且是易于撤销的惩罚。极端的惩罚只用于极端的罪恶，没有人应该被处死，除非他的死对他自身而言也是好事。

他（*法律的捍卫者和国家的统治者*）只在

一个方面与医生有差别：当医生不能再给病人提供有效治疗时，医生会提供给病人一种便宜的死法；当他判处犯人死刑时，则会让犯人死得没有尊严和受尽大众羞辱。这倒不是因为他喜欢这样惩罚人——喜欢惩罚人是一种没有人性的暴行，明智之人都不会这样去做，处人以死刑是要让这些死刑犯来警示世人。既然这些人活着无益，并且他们也从不打算有益于社会，那么至少让他们的死对公众做点儿贡献吧。

美德无需恶行的辅助

再强调一次，愤怒中并不包含任何有用的东西，它并不能增加战争行为中的精气神。美德无需恶行的辅助，它本身就是自足的。无论何时需要激励，激励也并不会在愤怒中爆发出来。就如同搭弓射箭时由射箭者掌控放箭的强度一样，激励使得行动张弛开合，并保持在必要限度。

亚里士多德说："愤怒是必要的，没有愤怒就没有战争的胜利。除非愤怒充满心灵，并激发热情，才能赢得战争。不过，这里不应该把愤怒看作是行动的指挥官，而要看作是行动的士兵队列中的一员。”

这种说法不对。如果愤怒听得进去道理，并遵循理性的引导，那么它就不是愤怒了，愤怒最显著的特征就是绝不听劝。但是，如果它违抗要求冷静下来的命令，并且不管不顾地任性暴走，那么它就像一个无视撤退信号的士兵一样，在其灵魂中就是一个无用的附属品。所以说，如果愤怒接受了限制，那么它就需要取另外某个名字，它就不再是愤怒了，而我恰恰是把愤怒理解为无节制的且不受控制的情绪。如果愤怒不接受限制，那它就是摧毁一切的，根本不能看作是一种助益。或者它根本不是愤怒，或者它就毫无用处。

切莫以恶行成就美德

理性绝不会要那种自己无法掌控的、盲目且无节制的冲动来帮忙，理性只能用与其相互匹配的、类似的冲动来对抗这些情绪，比如以恐惧对抗愤怒，以愤怒对抗懒惰，以贪婪对抗恐惧。真希望美德不要找借口去求助恶习，这么做就是一场灾难！这样去做的话，心灵不可能得到真正的安宁，因为让心灵在其自身的缺陷中拯救自身，那混乱和摇摆不定就是不可避免的。如果没有愤怒就不能勇敢，没有贪婪就不能勤奋，没有害怕就不能安静，那么心灵就注定要生活在一种“暴政”的状态下，而一旦屈服于一种情绪就会如此。让美德堕落到需要依仗恶习才能成就自身，这难道不是一种耻辱吗？

凭借理性战斗

有人会说：“但是进攻敌人时，愤怒是必须的。”没有什么时候比这种（战争）时刻更不需要愤怒了。这个时候需要的不是毫无章法的冲动，而是协调有方且反应迅速。对于具有更加强壮的身体和更大忍耐力的野蛮人而言，是什么让他筋疲力尽的？如果不是他的愤怒——这个他自身的最恶劣的敌人，还能是别的什么吗？同样地，对于角斗士而言，他保护自己靠的是角斗技巧，而在愤怒时他就会失去防守。

总而言之，当凭借理性就可以达成目的时，还需要愤怒干什么呢？你认为猎人是带着愤怒去捕获猎物的吗？当猎物来了，猎人就去捕获它；当猎物逃跑时，猎人就去追踪它。做这些事情时，并不需要带着愤怒，而是要有理性。

是什么使得成千上万的辛布里人和条顿人涌入阿尔卑斯山[①]？他们遭受了重创，不是他们派遣的信使而是流言将这个消息带回了他们的家乡，是什么导致了这结果？不是他们用愤怒代替了勇气，又能是别的什么呢？虽然愤怒能够颠覆和摧毁任何妨碍它的东西，但是在更多的时候它会给自己带来灾难。

愤怒源自心灵的脆弱

“那么告诉我，如果好人亲眼见到他的父亲被杀害，他的母亲被侮辱，难道这个好人不会愤怒吗？”不，他不会愤怒。他会为他们报仇，会保护他们。

好人会义无反顾、毫不畏惧地承担起他的责任，他会去做值得好人去做的事情，他不会去做不值得“人”去做的事情。“我的父亲将会被谋杀，那我就去保护他。我的父亲被谋杀

① 辛布里人和条顿人涌入阿尔卑斯山：从公元前 113 年开始，日耳曼人与罗马人发生正面冲突，开始了长达十三年的血腥战争（辛布里战争），标志着日耳曼人登上了历史的舞台。

了，那我就去为他复仇。这不是因为我很悲伤，而是因为这是我的责任。”

因为当所爱之人遭遇这些不幸时，每个人都会感到愤怒，你就因此认为人们会将其所做之事判定为所应当做的事。几乎每个人都会认为他自己的情绪是合理的，这源于他对自身的认可。

但是如果喝热饮被烫到了，玻璃杯被打破了，鞋子沾上泥了，他们同样会很愤怒。激发此时愤怒的不是因为他对这些事物的关爱，而是因为他自身的脆弱。就如同小孩离开父母时会痛哭流涕一样，他们丢失玩具时同样也会痛哭流涕。

为了所爱之人的遭遇而感到愤怒，只能说明这个人的心灵脆弱，而不能说明他充满爱心。在责任本身的引导下，去保护父母、孩子、朋友和同胞，在这个过程中锻炼意志、决断和远见，而不是诉诸狂乱的冲动，这才是恰当的、值得尊敬的做法。

愤怒并没有任何积极作用

再者，值得拥有的东西越是好，就越值得我们拥有更多。如果正义是好东西，那么就没有人会认为损害一点儿正义更好。如果勇气是好东西，那么就没有人会希望减损一部分勇气。同理，如果愤怒是好东西，那就越多越好。谁会拒绝锦上添花呢？但是愤怒的增加并没有任何积极作用。因此，愤怒的存在本身也并不具有积极作用。如果某事物因为增加而转变成了恶，那它本身就非善。

真正的好人不会对恶人感到愤怒

德奥弗拉斯特说："作为一个好人，就会禁不住对恶人感到愤怒。"按照这个原则的话，一个人越好，他就越易怒。你确定难道不是正相反吗？一个与人为善的好人，他会更加冷静，更加不受情绪的束缚。

我认为，没有人能够宣布自己无罪。任何声称自己是清白的人，他所要考虑的是别人的看法，而不是他自己的良心。和蔼地、慈父般地对待犯了错误的人，不是为了折磨他，而是要让他迷途知返，这样做岂不是更有人情味！迷了路的人们彷徨于田间，把他们带回到正路上要比把他们逐出田地更好。

不要因为愤怒去惩罚一个犯错的人

犯错误的人应该被纠正，可以通过告诫或强迫，既可以是柔和的手段，也可以是严厉的手段使其改正。犯错误的人需要有进步，这对他自己有好处，对别人也有好处。这或许需要惩罚，但是并不需要愤怒。

我们杀死疯了的狗；我们杀掉驯服不了的野牛；我们屠宰生病的羊，以免其将疾病传染给羊群；我们对不正常的同类予以人道毁灭……这并不是愤怒起了作用，而是出于理性的选择，把有害的东西从健康的东西中分离出去。

因此，苏格拉底对他的奴隶说："我正愤怒呢，否则，我就揍你了。"他延迟到更清醒的时刻，才去斥责他的奴隶。在他愤怒的时候，他责备的是他自己。我就问你，即便是苏格拉底，都不敢信任愤怒中的自己，又有谁能掌控自己的情绪，使其适可而止？

愤怒总是被毫不相干的琐事左右

理性会给予双方时间，然后还会要求进一步的延迟，以给予自己空间，从而抽丝剥茧地得到真理；愤怒则总是匆忙地得出结论。理性希望得到的判决是公正的；愤怒则希望它事先同意的判决看起来是公正的。理性只考虑相关的问题；愤怒则总是被毫不相干的琐事左右。自负的表情，太大的嗓门，粗鲁的话语，做作的举止，过于浮夸的拥护，对公众的迎合，都会让愤怒火上浇油。因为对律师的憎恨，就时常谴责被告，即使真理被放在眼前，还是会想当然地为其错误辩护。拒绝承认已被证实的错误，即使错误刚发生，也认为固执己见要比转变思想更加光荣。

我记起格涅乌斯·皮索[①]这个人时，他已经摆脱了许多缺点，却仍执迷不悟地将顽固当作是坚定。有次恰逢他发怒，下命令处死了一名没有与同伴一起返回的士兵。其理由如下：如果这名士兵不能交出其同伴，那肯定是杀害

① 格涅乌斯·皮索：古罗马政治家，出生于一个显赫的元老世家，青年时代就在西班牙的远征军中服役，公元前 7 年成为提比略的执政官同僚。

了他。这个士兵请求宽限些时间，以便做个调查，这个请求遭到了拒绝。这个被判死刑的士兵被推到了城墙外，正当他要引颈受戮时，突然他那个本以为已被谋杀的同伴出现了。执掌行刑的长官命令卫兵收剑，把这个被判死刑的士兵带回到皮索的面前，他不想皮索因此而被人指责，因为很幸运地，这名士兵是无罪的。一大群人簇拥着这两名士兵，他们彼此紧紧拥抱着，营地上欢呼一片。狂怒中的皮索登上了审判席，并命令将这两个士兵都处死，可这个士兵并没有犯谋杀罪，另一个士兵也并没有被谋杀。皮索还处死了另一个人，将受刑士兵带回到他本人面前的那个军官。为了坚持自己始终如一的判断，竟然导致三个人被处死，全都是因为一个愤怒的人掉了脑袋。坏脾气在为他的愤怒制造借口时是多么巧舌如簧啊！其借口如下："你，我下令将你处死，是因为你已经被判了死刑；你，是因为你就是你同伴被判处死刑的原因；而你，是因为你违抗了上级要求你去行刑的命令。"因为没有杀死任何一个人的理由，于是就想出了三条罪名。

愤怒的人傲慢，内心却很脆弱

所有借着癫狂而觉得思想被提升到超人高度的人，都认为自己有一种精神上的崇高感和庄严感。但这种感觉之下并没有坚实的基础。没有任何基础的上升，随之而来的就是下跌。愤怒没有根基，它产生的地方没有坚固和持久的基础。愤怒如一阵风似的，空洞无物，它与灵魂的伟大毫不相干，就如同自负与勇敢不相干，开玩笑与誓言不相干，残忍与严格不相干。在我看来，崇高的心灵与傲慢的心灵之间的差距是巨大的。坏脾气并不能获得任何令人印象深刻或赏心悦目的东西。相反，我认为坏脾气是不健康且不安的心灵的特征，显现出了它自身的脆弱，连绵不断的痛苦，就像酸痛虚弱的病体，稍微一触碰就呻吟不止。

你不必相信愤怒时说出的话：声音很大又充满威胁，其内心却很脆弱。

任何东西只要它不能与宁静同在，就不可能是伟大的。

之所以愤怒，是因为心灵的认同

现在我们的问题是，愤怒是源自选择还是源自冲动；也就是说，它是自发产生的不被觉察的行为呢，还是如同我们心中的大部分事情一样，是在我们完全知道的状态下发生的。

毫无疑问，愤怒是受到被伤害的印象所激起的行为。但是，它是即刻伴随这印象本身而来，且没有任何心灵的活动参与就爆发的吗？还是说，它需要在心灵的认同下才有可能被激发？我们的观点是：愤怒不是自行发生的，而是有着心灵的认同才有可能发生。接受了已受伤害的印象，渴望为此复仇，把“不应该伤害人”和“应该要复仇”这两个命题结合了起来，这并不仅仅是一系列毫无意志的冲动行为。

激发仇恨并报复，其本质是娱乐

还有一个问题需要考虑到，就是那些惯于凶残的人，他们嗜血成性。他们杀死了许多人，那些无辜受害者既没有伤害过他们，也没有被他们觉得伤害过自己，他们对这些被害者感到愤怒吗？（阿波罗多露丝[①]，以及法拉利[②]就是

---

① 阿波罗多露丝（Apollodorus）：马其顿的卡桑德拉的一个暴君，公元前279年—公元前276年在位，是残暴的代名词。他谋取了王位后，为了确保追随者对他的忠心，他杀害了一个年轻小男孩，并让追随者们吃了这孩子的肉以表忠心。

② 法拉利（Phalaris）：西西里岛阿克拉加斯的暴君，公元前570年在位，他的著名事迹是：嗜好把活着的俘虏放进一个空心铜牛里面炙烤。

这种人。）这不是愤怒，而是残暴；并不是因为被伤害而去伤害别人，而是只要能够施加伤害就去故意挑刺；激发仇恨并报复，这并不是为了复仇，而是为了娱乐。

没有人会愤怒于源于自然本性的错误

哲人是不会对犯错的人发怒的。为什么呢？他知道没有人生来就有智慧，最多不过是后来变得有智慧罢了；在任何时代，哲人都是极少数的。因为他已经洞悉了人类的状况。神志清醒的人不会对自然界本身发怒，一个人会惊讶于灌木丛上没有长着苹果吗？会惊讶于荆棘丛和石楠丛里没有结满水果吗？没有人会愤怒于源于自然本性的错误。

恐惧总是会反噬制造恐惧的人

有人会说："但愤怒是有用的。它能使你不被轻视，还能使坏人害怕你。"

不过，恐惧总是会反噬制造恐惧的人，这样的事实意味着什么呢？除非一个人有他自己害怕的东西，否则他就不会被吓到。这里你不妨回顾一下拉拜里乌[①]的名句：一个被许多人害怕的人必然害怕许多人。这句话在舞台上被朗诵出来时，恰逢其国内战争达到高潮，这句话引起了全体人民的共鸣，表达了大众的心声。

愤怒的补救措施

处理完愤怒所产生的问题之后，现在让我们来继续讨论其补救措施。在我看来，这包含以下两个部分：不要陷入愤怒，以及在愤怒的状态中不要做错事。就如同养生一样，有些规则是关于如何维持健康的，有些规则是关于如何恢复健康的。同样地，我们有一套规则是用来避免愤怒的，另一套规则是用来抑制愤怒的。

了解本性，减少发怒

赤热的心灵在本质上是最容易发怒的。

除了本性使某些人易于发怒，还有诸多偶然因素也能像本性一样起到同样的效果。有些人发怒是生病或受伤导致的，有些人发怒是疲惫或长期缺乏睡眠导致的，因为焦虑不安而彻

---

① 拉拜里乌：罗马共和国晚期最为著名的喜剧作家（也有另一种说法为默剧作家），也是一名骑士。

夜不寐，因为深陷爱情而思念难眠等。还有其他损害身心健康的事，让人产生了一种病态的、易于抱怨的心理倾向。

当然，改变一个人的本性是很难的。人一生下来，各种元素就都混合在一起了，改变它们是不可能的。但同时，了解这些本性则是有用的，比如性情火热的人该避免饮酒，柏拉图就禁止孩子们饮酒，以免再火上加火。这样的人甚至也不应该吃得太饱，吃得太饱使他们的身体胀满，心灵也会跟着膨胀。他们应该多去锻炼，在不把自己弄得筋疲力尽的前提下多消耗，也就是减少而不是耗尽他们的热量，这样的话，他们过多的热情就会消退。游戏对此也是有益的，适度的娱乐会使心灵放松和平衡。

正确教导孩子的方法

在一开始就进行正确的训练，我认为，这是能够给予孩子成长的最好帮助。不过，要做起来是困难的，因为我们要小心翼翼，既不能纵容他们的愤怒，又不能钝化了他们与生俱来的锋芒。

给予行动的自由，灵性就得以生长；而给

予奴役，灵性就会被遏制。给予称赞和对其自身的肯定，灵性就会得到成长；然而这些也会助长孩子的傲慢和脾气。我们要在两个极端之间引导孩子，有时候要给予约束，有时候要给予激励。

我们应该给孩子一些放松的时间，但前提是不能让孩子堕入懒惰和安逸中去。并且我们要使孩子远离任何骄奢淫逸的习气，没有什么比娇生惯养更能养成孩子的坏脾气了。因此，对一个孩子越纵容，对他的自由越不加拘束，他的性情就越容易被宠坏。如果他在任何事情上都从未被拒绝过，如果他的母亲总是急匆匆地帮他抹去泪水，如果他总是被允许和家庭老师对着干，那么他根本就承受不了生活中的任何挫折。随着幸运的增加，愤怒也会随之增长，难道你没看到吗？这一点在富人、贵族以及高官的身上体现得尤其明显，当在他们看来轻浮或愚蠢的家伙得志时，他们的怒火就会噌噌地上来了。

孩童要远离阿谀逢迎，他们应该要听到真话。有时候甚至要让他们有所畏惧，并且要让他们总是有所尊敬。看到长辈时，他们要起立。不能让他们通过发脾气而得到满足；当他们冷静下来时，可以得到满足，而这满足通过哭喊是得不到的。他们应该要知道父母的财产，但是并不能随意使用。他们犯错时，应该要受到责备。

不要轻率下判断和轻易被激怒

上述规则是适用于孩子的。就我们自己而言，出身和教养上的缺憾不能成为我们犯错的借口，也与如何处理错误的建议无关。我们所必须调整的是出身与教养所导致的结果。所以说，我们应该对抗的是愤怒起初的促动因素；愤怒的起因是这样一种想法：我们被伤害了。不要轻易相信这种想法。即使是公然的和显而易见的事情，我们也不要即刻就认同。谬误有时会以真理的面目出现。我们总要给自己一点儿时间：让真相在时间的流逝中显现。不要轻信诽谤者。我们要认清人类本性的缺点：愿意相信那些本来都不愿意听到的，并且，对于听到的事情还没有形成自己的判断就勃然大怒了；对此我们要保持戒心。

因此，我们必须要倾听不在场的另外一些人

的反对意见，要暂缓愤怒的发作。被推迟的惩罚依然可以实施；而惩罚一旦实施，就覆水难收了。

不要猜疑和胡思乱想

猜疑和胡思乱想是无尽灾祸的源头。很多时候，你宁愿没听到过，因为在某些情况下被欺骗要好过去怀疑。你应该祛除心中的猜疑和胡思乱想，它们的影响比被欺骗更甚。“他打招呼这么失礼”“ 他竟避开了我的亲吻”“我们刚开始谈话就被他打断了”“他竟然没请我吃饭”“他看起来很不友好”如此等等，这些猜疑和胡思乱想常常误导你。

人们从不缺少支持自己去猜疑的证据。但在你做判断时，你需要的是直率坦荡和心平气和。我们只应相信我们眼前的清楚明白的东西。每当我们的猜疑被证明是错的时，我们就应该斥责自己的猜疑。这种自责会让我们养成不再猜疑的习惯。

矫正愤怒的最好办法就是延缓

矫正愤怒的最好办法就是延缓。一旦你要发火的时候，请先缓一下。叫停它不是说要宽恕对方了，而是为了要作出一个判断。愤怒的攻击最初是猛烈的；然而等一会儿的话，愤怒就会消散。不要想着立刻就能摆脱愤怒，一点点地去消化它，最后你就能克服整个愤怒。

当你最开心时，你也最应该感到害怕

如我所说，引起愤怒的有两样东西：首先，就是自己被伤害了的感觉，这一点前面已经讲得足够多了；其次，就是一种这种伤害很“不公平”的感觉，这一点接下来我就要讲到。人们判断有些事情“不公正”，或者是因为他们不应该遭受这些事，或者是因为这些事出乎了他们意料。我们认为，没有预料到的事就是不应该的。于是，我们会为违背了自己的意愿和出乎意料的事情的发生而愤怒不已。也正是因为这个，我们会为家庭生活中的琐事恼火，会认为被朋友忽视了就是受到了“伤害”。

“如此的话，敌人的伤害怎么也会让我们愤怒呢？”那是因为我们没有预料到这些伤害，或者是没有料到伤害会这么严重。这就是过分自爱的结果。我们认为我们不应该受到伤害，哪怕是来自敌人的伤害。我们每个人的内心都有一种独裁者的气质：对自己宽容大度，却受不了别人的反对意见。所以说，使我们易于愤怒的要么就是傲慢，要么就是无知。恶人行恶有什么好奇怪的呢？你的敌人伤害你，你的朋友惹恼你，以及你的儿子犯错，你的仆人行为不端，又有什么好奇怪的呢？

当你最开心时，你也最应该感到害怕。当一切看起来风平浪静之时，并不是说伤害你的事情不存在，只是它们还没起作用罢了。你要时刻记得，烦扰你的某些事情一直都在。

愤怒是对理智的反叛

诺瓦图[1]，我现在要做件你心心念念的事儿，那就是把愤怒从心中祛除，或者至少要掌控愤怒，阻止其破坏性。当愤怒的攻击性较弱时，应该公开坦率地处理；当愤怒之火熊熊燃烧，任何劝阻只能火上浇油时，那就应该暗自处理。我们是应该压制愤怒，还是应该向其妥协任由愤怒之火燃烧完毕，这要取决于愤怒的强度和能量，以防处理不当而丧失了解决愤怒的真正办法。

---

① 塞涅卡的兄长，后改名加里奥，在基督教的《新约·使徒行传》中被提及。诺瓦图从政，官至罗马的阿开亚行省总督。

其他情绪可能通过拖延就消散了，也可能会被慢慢地治愈。然而，对于愤怒这种情绪，人们是突然愤怒起来的，并且会自动地越来越愤怒；人不是慢慢地怒起来的，而是一下子就怒到了极点。与其他坏情绪不同，愤怒不是误导心智，而是剥夺了心智，从而可能驱使那些缺乏自制、想要破坏的人，不但将怒火撒在让他生气的人身上，还会迁怒于不相干的旁人。其他坏情绪促使人思考，愤怒则使人无法继续思考。对于其他情绪而言，人们可能无法克制，但那种情绪至少自己会消散，而愤怒会越来越强烈，像闪电、像飓风、像所有那些无法掌控的现象，一旦发生便不可收拾。

其他坏情绪是对良知的反叛，愤怒则是对理智的反叛（其他坏情绪违背了良知，愤怒则违背了理智）。其他坏情绪是缓缓而来，不知不觉间加重，愤怒的到来则是迎面暴击。因此，没有什么情绪像愤怒一样困扰着我们的心灵，没有什么情绪像愤怒一样爆发力强大，没有什么情绪像愤怒成功袭来时那样让人目中无人，而愤怒溃败时又那么让人懊悔不已。即使是挫败也不会让愤怒的人精疲力竭，当愤怒没有发作对象时，它会反噬其身。引起愤怒的原因大小是无所谓的，因为，最微不足道的起因也会导致极大的愤怒。

没有一个民族没被愤怒搅扰过

无论是如同野蛮人一样孔武有力的希腊人，还是将强权即公理作为其尊崇法律的终极信条的民族，没有一个民族没被愤怒搅扰过。简而言之，其他坏情绪俘获个人，而愤怒这种情绪有时是要俘获整个国家的。没有哪个民族会整个儿沉迷于对一个女人的爱，没有哪个国家会整个儿将其希望寄托于金钱或者利益；野心俘获一个又一个的人是基于个体，缺乏自制亦并不会折磨整个民族。人们却常常集体发作愤怒，不分男女老少、等级贵贱，整个族群，会在寥寥几句话的刺激下，陷入一种强烈的情绪中，比刺激他们的人更甚。他们随即会抄起武器和火把，向邻国宣战或对同胞发动战争。家园被付之一炬，荡然无存；那个不久前因雄辩而受到尊重和享有极高声誉的人，现在倒成了他自己的追随者怒火里的炮灰；军团向自己的指挥官投掷标枪；平民纷纷与贵族对峙；为国家出谋划策的元老院等不及召集军队或任命指挥官，而是选任临时统帅来发泄其愤怒，通过在城里挨家挨户搜捕贵族牺牲品，自行实施惩罚；国与国之间的法则被破坏，外国使节被凌辱，一种无法言表的疯狂席卷了整个国家。公众的骚动根本没有时间来平息，因为舰队即刻出发，并且满载着狂热的军队。没有任何常规备战，没有任何预兆，由愤怒主导着的人们出发了，挥舞着他们随手可得的任何物件作为武器。直到巨大的灾难发生，使他们不得不为愤怒中的鲁莽行径而赎罪。

用工具发泄愤怒，比纯粹的愤怒更可怕

病人在高烧时获得的力量是稍纵即逝、有毒且有效的，不过对其自身是有害的。因此，即使人们对愤怒的价值有不同的看法，你也不能认为，当我谴责愤怒时，我是在无关紧要的事情上浪费时间。有一位极富声望的哲学家，认为愤怒具有一定功能，认为愤怒是有用的，并且是活力之源泉；他认为在战争中，在各种商业活动中，在各项需要热情的事业中，都是需要愤怒来助力的。我们必须要揭露愤怒肆无忌惮的疯狂，并且，愤怒自身独有的装备也必须要复原，诸如车裂的马、绞刑的绳索、监禁的监狱、赎罪的十字架、禁锢活埋人的火焰、钩住尸体的钩子等等，花样繁多的锁链，千奇百怪的刑罚，四肢的撕裂、额头的烙印、恶兽徘徊的洞穴。因此，任何人都不能被忽悠说，在任何时候、任何场合，愤怒都是有益的。将愤怒投入这些工具中，带着可怕惊悚的尖叫声，会比所有那些发泄愤怒的刑罚手段本身更令人厌恶。

愤怒者身处地狱

相信我，野兽所呈现的惨状，无论是被饥饿所折磨的惨状，还是被刺穿内脏的利器所折磨的惨状，甚至是拼死向猎人发起攻击准备咬上最后一口时的惨状，与一个怒火冲天的人的惨状相比，都是小巫见大巫。来听听，如果你能听到愤怒的人发出呼喊和威胁，那个扭曲的灵魂会说出什么样的话来吧！

没有人能够毫无代价地去发怒

如果我们反复地呈现愤怒的缺点，并给予公正的评价，那么我们就肯定能不再变得愤怒。愤怒必须要在我们理性的法庭上得到提审，并证明它的恶；必须要搜罗出它所犯的罪行，并将之曝光出来；为了揭露愤怒的本质，就要将其与那极坏的东西比一比。贪婪可以用来攫取和聚敛财富，并为一个好人所用；愤怒却要消耗财富，没有人能够毫无代价地去发怒。主人们的愤怒逼迫了多少奴隶的逃亡，又造成了多少奴隶的死亡啊！一个人处于愤怒中所造成的损失，要远远大于让他发怒的那件事情。愤怒能给父亲带来悲伤，给丈夫带来离婚，给官员带来仇恨，给候选人带来竞选的失败。愤怒比放荡还要恶劣，因为后者是在自身的享乐中得到满足，前者却是在别人的痛苦中得到满足。愤怒比恶意和忌妒还要恶劣，因为后者只是希望别人变得不幸，前者却是亲自动手使别人变得不幸；后者会对别人幸灾乐祸，前者则等不到别人不幸的降临。对于所恨的人，愤怒不仅是希望那人遭遇不幸，还要亲手给他造成不幸。

选择与有良好德行的人交往

既然我们不知道如何忍受伤害，那么就要努力避免被伤害。我们应该选择与这样的人生活在一起：他非常冷静，和善易处，从不烦恼，也不挑剔。人们的习性特点是从社交关系中塑造出来的。就像身体的某些疾病会通过接触传染一样，心灵也会把其缺点传染给亲近的人。

与冷静的人生活在一起，不仅会被其榜样作用所促进，而且由于没有发怒的场合，也就不会沉溺于自己的缺点。所以说，人们要与所有那些会让自己愤怒的人保持距离。

不同的人会因各种不同的方式而激怒你。骄傲自大的人会因他的眼中无人而激怒你；尖酸刻薄的人会因他的口无遮拦而激怒你；粗鲁莽撞的人会因他的鲁莽而激怒你；恶意的人会因他的恶意而激怒你；好争论的人会因他的口角而激怒你；吹牛皮的说谎者会因他的无知而激怒你。

选择与坦率正直、和善易处、自制温顺的人交往，他不但不会激起你的愤怒，而且还会忍受你的愤怒。

疲累的人喜欢吵架

易怒的人应该避免从事较为繁重的脑力劳动，不该被弄得筋疲力尽。其精力不应该被消耗在繁杂艰巨的任务上，而应该从事一些有乐趣的技艺。

俗话说，“疲累的人喜欢吵架”。这个道理也可用在饥渴难耐的人身上，以及为某件事而生气的任何人的身上。

专注于你自己的事

什么事都要去围观和打听，这样做没有什么好处。对于很多冒犯，要一笑而过。在许多情况下，无知无觉的人倒也避开了这些。如果你想要避免被激怒，那就专注于你自己的事情。到处询问别人是怎么议论自己的，并且还要挖掘不怀好意的八卦的人，哪怕别人是在私下里说的自己，这样的人也是在搅扰自己心灵的安宁。

据说苏格拉底有一次挨了一记耳光，对此他只说了一句：“不知道走路时要戴顶头盔，这真是糟糕啊！”所以说，我们所关心的并不是伤害是怎样的，而是要怎么对待这伤害。

不要自讨愤怒

通过猜疑没有证据的事情，或者对琐碎小

事夸大其词，许多人就这样制造了自己的委屈。愤怒经常发生在我们的身上，但更多的时候是我们自己找上了愤怒。我们绝不应该自讨愤怒；即使愤怒自己送上门，我们也要将其击退。

不要因普遍的错误而责备某一个人

因为普遍的错误而责备某一个人，这是不公正的。对于埃塞俄比亚人而言，其肤色在本民族中并不显得另类；对于日耳曼人而言，一个男人的红头发打成结也并不显得丢人。不应该把具有一个民族普遍特征的事物，看作是奇怪和耻辱的。

想一下，为那些整个人类都共有的品质进行辩解，可以有更为恰当的理由，不是吗？不够体谅别人，缺乏理智，不值得信赖，不知足，野心勃勃——人类的这些个普遍缺点，用不着以温和的词语来掩饰。人都是邪恶的。

我们自己都是邪恶的，周围也都是邪恶的人，因此，让我们更友爱地善待彼此吧。因为，能够让我们和平相处的只有一种东西，那就是彼此宽容相待的默契。

伤害需要治愈，而不是报复

去治愈伤害，而不是去报复所受到的伤害，这样做要有益得多！复仇很花费时间，并且，复仇会招来更多的伤害，冤冤相报何时了。相对于我们所遭受的伤害本身，我们对伤害所感到的愤怒总是会持续更长的时间。不要针尖对麦芒，退一步海阔天空啊！如果一个人被驴踢到了，他就要踢回去吗？被狗咬了，他也要咬回去吗？肯定没有人通过这样做来获取心理的平衡。你可能会说："不过动物并不知道自己所犯的错。"如果这样说的话，首先，作为一个人就丧失了被原谅的机会，这太不公平了吧；其次，如果你不对那些动物发怒，是因为它们没有理解的能力，那么，对于那些缺乏理解能力的人，你也该一视同仁啊。

不要在愤怒中浪费宝贵的时间

你一会儿冲这个人发怒，一会儿又冲那个人发怒；一会儿是冲奴隶，一会儿又是冲自由民；一会儿冲父母，一会儿又冲儿女；一会儿是冲熟人，一会儿又是冲陌生人。除非你的心灵得到解脱，否则你总会找到发怒的理由。你的愤怒裹挟着你，横扫一切。新的刺激因素源源不断，你的怒火将永无止息。可怜的人啊，你就没有发现自己也会爱人吗？你正在糟糕的事情上浪费何其宝贵的时间啊！

满足当下

你会发现，不会言语的动物身上的事也发生在人类的身上。那就是，我们也会为无聊琐事而感到心烦意乱。公牛会被红色激怒，蛇会攻击影子，熊和狮子会被一块手帕逗弄：所有动物本性上的野蛮和凶残都会被某些无关紧要的小事激发。人也是如此，不论是本性冲动的，还是本性沉稳的。仅仅因为对事情有所疑虑，他们就感到受伤；有时候他们的疑虑是如此之重，竟把没有得到足够的帮助说成是伤害。

在“帮忙”这种事情中，包含着愤怒最常见的，也确实是最根深蒂固的素材。因为自己最爱的人给我们的比我们预想的要少，或者别人从他那儿得到的要比我们的还多，我们就会对他发怒。对于这两种情况下的愤怒，都有现成的治法。那就是，即便给别人的多，我们也不要去比较，而是要满足于当下所得。看到别人更幸福就觉得深受折磨的人，是绝无可能获得幸福的。

再者，我得到的可能比我希望的少，但是这也许是因为我所希望的超过了我应得的。这一方面是我们最应该警惕的，因为这生成了愤怒最具危险性的形式，会去攻击所有最神圣的事物。

感恩你所得到的

如果一个人总是盯着别人的生活，盯着别人所拥有的东西，那他就不会满足于他自己所拥有的。看到有人领先于我们，我们甚至会迁怒于诸神，这就是其原因。我们忘记了，许多人还落在我们的后面；我们忘记了，在那些看上去没多少可嫉妒的人身后，也跟着一大群嫉妒他的人。不过，这正是人们蛮不讲理之处：已经得到很多时，如果还想着本可以得到更多，人们就会感觉很受伤。

其实，你应该做的是：感恩你所得到的！静待还没到来的恩惠，同时要庆幸你还没得到完全的满足。尚留有事情可以期待，这也是人生一大乐事了。

你问我，你最大的缺点是什么？那就是：你记错了账。你过高估价了自己所付出的东西，却又对自己得到的东西估价过低。

激起我们愤怒的往往都是些小事

绝大多数的纷争是关于金钱的。因为金钱，法官们疲惫不堪；父子们反目成仇；有人不惜去下毒害人；剑被递给了军团和凶手；等等。金钱沾满了我们的血！因为金钱，夫妻们日夜争吵不休；人们蜂拥而至法官的审判席；国王们带领着军队去杀戮和掠夺，推翻了数百年来辛苦劳作建立起来的国家，以便在城市的废墟中搜刮金银。

现在，再来看看愤怒的其他起因：吃的，喝的，以及为此而设计的浮夸礼仪，骂人的话，不雅的手势，难驾驭的牲口，懒惰的奴隶，以及对别人的话的胡乱猜疑和恶意曲解。相信我，是这些微不足道的小事激起了我们相当大的愤怒，这些事情跟激起孩子们吵闹的事情没什么两样。它们把我们的心情搞得那么差，其中却没有一件是严肃的或者重要的。我告诉你，这些正是你发狂的愤怒的最初起因。

给愤怒的人一点缓和的时间

现在让我们来看看该怎样平息别人的愤怒。我们不仅希望自己的愤怒被治愈，还希望治愈别人的愤怒。

一个人刚开始发怒时，我们不要试图用言语去抚平他的愤怒，因为这个时候他不会听你说，也不理智。我们应该给他一点儿时间。

你也许会说："如果你的办法只是在愤怒自己消退时来抚平它，这还有什么意思呢！"首先，这会让愤怒更快地消退；其次，这可以避免愤怒的进一步激化；再者，这可以让愤怒者有一种被抚平的错觉，虽然最开始并没有试图这么做。这样会带走激化愤怒的所有因素；还可以佯装愤怒，起到愤怒的助手和战友的作用，在决定中也就更有影响；还设法造成了延迟，用寻找更严重的惩罚的方式，来推迟当下惩罚的发生。

有这样一个故事：有个医生要给公主治病，并且必须得做手术。于是，医生一边温和地擦洗她发肿的乳房，一边把藏在海绵里的手术刀插了进去。如果这个手术是明着做的，公主肯定会抗拒这种治疗方式，但是因为出乎意料，她就承受住了这个痛苦。有些情况只能通过欺骗来治疗。

愤怒让我们虚度时光

让我们从这种恶中解脱出来，让我们从心灵中把它清除掉，要连根拔掉，不留分毫。否则的话，哪怕只留一丝一毫，一旦有机会它们还会再次生长起来。要清除掉愤怒，而不是去试图缓和愤怒。恶的事情怎么能有缓和的余地呢！并且，只要我们努力，我们就能够做到。

沉思我们终有一死这件事情，将会对此有无比大的助益。每个人都应该对自己和他人说："宣泄我们的愤怒，在这种事情上浪费一会儿生命，就好像我们一生下来就能永远活着似的，有什么意思呢？为了伤害和折磨别人，就搭上我们本可以坦坦荡荡过着的快乐日子，又有什么意思呢？生命不能浪费，我们没有时间去浪费。为什么要冲上前去打斗？为什么要在我们之间制造冲突？为什么忘记了我们人的脆弱易逝，还要背上这巨大的仇恨？我们这么容易流血受伤，为什么还要去伤害别人？无论何时，身体的一场高烧或其他不适，都能打断我们内心无比固执非要发动起来的争端；无论何时，在争斗最胶着的对头之间，死亡的到来也会把他们分开。为什么要让人生如此骚动？为什么要让生活如此动荡不安？人生的定数赫然耸立在我们的头顶，记录着人们浪费掉的时光，离我们越来越近。你为别人的死指定的期限，离你自己的死期也并不遥远。”

回归生命的平静与安宁

死亡来了，它对所有人一视同仁。我们经常看到，在竞技场的早场秀中，绑在一起的公牛和黑熊激烈地搏斗着，其中一只把另一只撕扯打倒在地，而旁边屠户等着要把它们两个都收拾了。我们也是一样，我们折磨着身旁的对手，而死亡的终点同样早早地耸立在征服者和被征服者的面前。我们还是在平静与安宁中，度过这所剩无几的余生吧！

论施惠

施惠，并不是胡乱抛洒好处

对于不审慎的人所犯的各种各样的错误而言，最令人羞愧的是不知道如何施与恩惠或接受恩惠。因为这种行为不当的话会造成这样的后果：施惠的方式不对，那所施与的恩惠竟不被认可；给出的好处又不可能收回来，悔之晚矣。恩惠一旦被送出去，就不再属于我们的了。在诸多恶行中，不知感恩最为常见，是有如上原因的。

当借钱给别人的时候，我们一定会细查他的家底，并了解他的品行，我们不会在贫瘠得寸草不生的土地上种庄稼。然而，当我们施惠时，却不做任何调查工作，简直可以说是胡乱抛洒好处。

有许多人忘恩负义，但这种情况大多是由我们自己一手造成的。这是因为在施惠后，我们有时会凶恶地去要债，有时会犹疑甚至后悔，有时又会在细节上百般挑剔。如此一来，就摧毁了别人的所有感恩之情。并且，这不仅仅是发生在施惠后，有时甚至是在施惠的过程中就这样了。

伤害比善待让人感触更深

有谁会情愿别人轻易地向自己提要求呢？哪怕只是一次？在怀疑别人会向自己乞讨时，不都是眉头紧皱、扭过头去假装正有要事，或者喋喋不休地让别人根本开不了口，还有其他诸多花招来拒绝对方急迫的请求，难道不是吗？在被堵在街头时，不都是软弱地不敢直接拒绝，于是拖拖拉拉，或是灰头土脸地勉强答应，但声音细不可闻，难道不是吗？然而，对于被迫给出的恩惠，没有人会心存感激。对他人倨傲的施舍，嗟来之食，又或者不胜纠缠而出于息事宁人给予的恩惠，有谁会心存感激呢？希望一个在求告中心力交瘁、希望屡屡破灭的人心存感激，那一定是在自欺欺人。

受惠之人也会感受到并接受施惠者的心意，因此我们不应该随意去施惠。从一个差劲的施惠者那里得到好处的人，感谢的只有他自己。

每次施惠时不能拖拖拉拉，因为施惠者的意愿非常重要，拖拖拉拉说明你根本就不想施惠。就施惠而言，最重要的是不能带有侮辱；人心的一个基本特征是：伤害比善待让人感触更深，记得更久。受到的善待在记忆中很快会被遗忘，而受到的伤害会永远留在心中。给别人帮助的时候又当众侮辱别人，这样的人难道会得到什么好报吗？对于一个这样帮助你的人，宽恕他就算是你对他的感恩了。

行善的目的在于过程，而非结果

得不到回报就不再行善，这样的人是在施恩求报。这恰恰给了忘恩负义之徒一个借口，这种人之所以卑鄙，就在于他到处找借口逃避报恩。

那么多人根本不配看到阳光！但是太阳照常升起。那么多人抱怨生在这个世上！但是自然依旧孕育着新生命；哪怕有些人情愿从没出生过，她也对此宽容大度。只为去行善，不求得善果。即便在遇到坏人后，仍然志在寻找好人，这就是真正优秀且高贵的善人的特征。

行善并非投资

施惠这笔账很简单：所施的惠已经付出，有回报那就是净获利，没回报也不算有什么损失。所谓施惠，就是为了送人而送人的。贪婪的收租者会在固定的日期催着交租金，但是没有人会给自己的善行记个账，然后像收租者那样索要回报。行善的人只在收到回报时，才会记起曾经做过的好事。不然的话，行善就变成了放贷。把行善看作是一种投资，就等于是放贷，要赚取不体面的利息。不论你以前行善的结果是怎么样的，请继续行善。即便不慎遇到了忘恩负义之徒，继续行善也是更好的选择，因为或许有一天他们会因羞愧、机缘巧合或者榜样的力量而懂得感恩。

凶猛的狮子会让管理员清洁口腔并不咬他，暴躁的大象为了食物也会乖乖听话。所以说，即便动物在本性上并不能理解和评判善行，它们也会被锲而不舍的善待所征服。

恩惠有序地传递，就是美好

为什么美惠女神（The Graces）是三个人，还是姐妹？为什么她们要相互手拉着手呢？为什么她们是面带微笑、青春洋溢的处女呢？为什么她们要穿着透明而宽松的衣服呢？……为什么这三姐妹要手牵手围成一个圈跳舞呢？因为恩惠会在一系列传递之后，又回到了施惠者那里。在这整个传递恩惠的过程中，只要有一个环节中断，就会把整个链条的优美破坏。恩惠能够连续不断地有序传递下去，就是最美好的。

她们如此年轻是因为，对恩惠的记忆不该衰老。她们是处子之身是因为，在所有人看来恩惠是圣洁纯净的。她们穿着宽松的衣服是因为，恩惠本来就不该受各种约束；透明的衣服则表示，恩惠希望被人看见。

善行是一种道德行为，没有什么能够使它消散

首先要弄懂的问题是：当我们接受恩惠时，究竟亏欠了别人什么。对于这个问题，拿到钱的说是欠钱，拿到官位的说是官位，拿到祭司职位的说是祭司职位，拿到行省管理权的说是行省管理权。然而，这些东西不过是恩惠的标记，并不是恩惠本身。恩惠是手摸不到眼看不到的，它存在于心灵之中。标志恩惠的事物和恩惠本身，差别极大。所以说，金银钱财等被人重视的东西并非恩惠，恩惠是由施惠者的善意形成的。但是无知的人只知道看得见、摸得着和拿得住的东西，不知道重视真正宝贵的东西。我们手里能握得住的，眼里能看得见的，以及企图占有的东西，最终都会烟消云散；运气不好或遭遇不公时，就会失去它们。但是就恩惠而言，即使标记它的事物消失了，它也依然存在着；这是因为善行是一种道德行为，没有什么能够使它消散。

我把一个朋友从海盗那里救出来，但后来他又被他的敌人捉去监狱，那么，我的恩惠于他而言并没有消失，只不过他不能享用了。我把某个人的孩子从要沉的船或者燃烧的大火中救出来，但是随后他们又因疾病或厄运死了，那么，虽然他们不在了，我施予他们的恩惠依然在。因此说，那些被误认为是恩惠的事物，不过是体现善意的工具而已。

恩惠并不在于东西本身，而在于施惠者的心灵

恩惠到底是什么呢？它是出自自愿的一种行为，这行为给别人带去快乐，并因此给自己带来快乐。做了什么和给了什么并不重要，促使我们做出这些行为的精神才重要；因为恩惠并不在于东西本身，而在于施惠者的心灵。这其中明显的差别，可用一句话表明，即善行确实是好的，但所做的事情和所给的东西说不上好或坏。心意可以让小礼物显得更珍贵，给普通的东西增添光彩，也可以让贵重的东西不值什么钱。人们需求的东西本质上是中性的，无所谓好或坏；好坏取决于目的，起主导作用的精神性原则才让物质具有了特定形式。

献给神的荣耀不在于祭品本身，即便祭品肥硕或闪亮耀眼，而在于信徒圣洁诚挚的心。同样地，可以定出价格和相互传递的事物不是恩惠。所以说，好人施舍稀粥就能表达其诚意，坏人即便用再多牺牲的鲜血涂满祭坛也不能洗脱不敬神的罪过。

心甘情愿地施与才会得到更多的感激

假如说恩惠是在于所施与的事物，而不是在于行善的愿望，那么给予的越多，恩惠就越大。但并不是这样的。我们有时会觉得，具有伟大灵魂的人给予的小小礼物是对我们的更大恩惠。就如常说的“他的精神比国王的财富更宝贵”，他给的少但给得乐意；他不记得自己的难处，却还在关注我的难处；他不仅是愿意而且是渴望着帮助他人，他把施与恩惠看作是接受恩惠，他施惠从不求回报。当他收到回报时，根本不记得自己曾经施惠过；他时刻留意着并及时把握机会去帮助别人。

此外，如我以前所说，有些恩惠虽然从物质层面或表面上看来不错，但或者是施惠者心不甘情不愿拿出的，或者是施惠者的无心之举，那就不能想着别人会感恩了。

相对于施与很多东西，心甘情愿地施与才会得到更多的感激。一个人施与我的很少，但他已经没办法给得更多；另一个人施与我的很多，但他施与时犹犹豫豫、拖拖拉拉、满腹埋怨、高傲嚣张，且四处宣扬他的恩惠，可见他想取悦的并不是他要帮的人。他的施惠并不是为了我，而是为了他自己的虚荣。

用心选择你最好的礼物

以前，苏格拉底的学生常送他礼物，每个人都是根据自己的财力去送。有个叫艾斯基涅斯的学生很穷，他对苏格拉底说：“我所能给你的任何礼物都配不上你，我发现自己原来这么穷。所以我要送给你我唯一拥有的东西，那就是我自己。请笑纳这个礼物。并且你知道，其他人虽然给了你很多，但他们留给自己的更多。”苏格拉底说：“这怎么能说不是份厚礼呢？除非你认为自己没什么价值。因此，我将用心使你变得更好，作为你这份礼物的回报。”

即便是忘恩负义的人，也可以对他施与一些力所能及的恩惠

谨防忘恩负义，这简直是最大的罪恶。但是遇到别人忘恩负义时，就当作不值一提的小事原谅他吧。你所有的损失不过是浪费了一些礼物，但是恩惠本身并没有什么损害。虽然我们应该先帮助知道感恩的人，但也要为不太懂得感恩的人做点儿事情，甚至还要帮助那些曾经忘恩负义且大概不知悔改的人。比如说，如果能把别人的孩子从巨大的危险中救出来，而自己并不会有丝毫损伤，那么我会毫不犹豫地施以援手。对于一个值得帮的人，我会以鲜血为代价去保护他，与他共同面对危险。对于一个不值得帮的人，只要我喊声“救命”就能救他于强盗之手，那为了救人这件事本身，我也会毫不犹豫地喊“救命”的。

不要送人多余的东西

在施惠中首先要给的是必需物品，然后是有用的东西，接下来是让人愉快的东西，不过这些东西应该要耐久。应该从必需物品开始施与，因为维持生存的东西和点缀生活的东西，给人的印象是不一样的。对于一件可有可无的礼物，人们可能会看不上，会说：“我不需要，你把它拿回去吧。我对我现在拥有的心满意足。”还有些时候，我们不仅仅是想归还收到的礼物，甚至是想把它直接扔回去。

不要给别人送多余的东西，比如说：给妇女老人送打猎武器，给文盲送书，给专注学问的人送狩猎的网子。此外还要注意，不要送那些会暴露别人弱点的礼物，比如说：给酒鬼送酒，给身体虚弱的人送补药，因为让收礼人想起自身缺点的礼物只会让人恼羞成怒。

送与对方身份相称的礼物

马其顿的亚历山大大帝征服东方时，认为自己非凡人能比。科林斯人派出使团向他表示祝贺，并授予他当地的公民权。亚历山大对此礼遇不以为然，甚至轻笑出声，使团中的一位使者就对他说："除了你和海格立斯（大力神），我们从未给过其他外人公民权。"于是，亚历山大高兴地接受了这个荣誉，而且还热情和礼数周到地招待了使团一行人。

了解对方所需要的，主动施与

"我请求"是让人心有不安且颇有压力的话，人们说出这句话时会感到羞愧。你应该让你的朋友或你想结交的人，用不着说这句话。如果是别人开口要求后才给的话，那么不管你给得多快，都算是晚了一步。所以，我们应该去预计别人的心愿，并且一旦获知，就不要让人自己开口来求。可以确定的是，主动施与的恩惠肯定会让人满意，并会被人记住你的好。如果不幸没有猜到对方的心中所想，就在他说出的那一瞬打断他，就像我们本来就要给他的一样。不需要对方提出请求，一经提醒，就立即答应，并迅速行动以表明在他开口前我们就想帮他了。这就如同，治病要讲究进食的时间合理，时机恰当时白开水也会成为灵丹妙药。不管恩惠多么微不足道和平常，只要你迅速地给，丝毫不犹豫，那么，它就会更有价值；相对于那些虽昂贵，但拖拖拉拉、思虑再三给出的恩惠，别人会有更多的感激之情。给得迅速就说明他乐意于这事，因他乐意，才满面微笑。

拖延的同意等于是不同意

没有什么比漫长的等待更让人感到痛苦了。相对于一拖再拖而言，人们更能平淡地面对希望的破灭。然而，许多人会错误地认为，只要拖着先不履行承诺，那么求助的人就会不断增加。由此可见，这种人的施惠是为了自己的虚荣心。就如同宫中大臣一样，他们乐于延长自己浮夸的大排场，务必让别人都能更长时间地看到他是如何大权在握的，否则的话就不会感到满意。这些人做事从来都是拖拖拉拉，并且从来不一次把事情做完。他们的恩惠总是姗姗来迟，他们伤害别人时却雷厉风行得很。因此，你就会知道下面这位喜剧诗人的话是多么正确，他说：“你不知道吗？你拖得越久，我感恩的心就离你越远。”

还有人会愤愤地这样骂，“要做就做，不做就算了”，以及“有什么东西会这么昂贵，要这么麻烦才给，我情愿你干脆点儿不答应算了”。当一个人等恩惠等到心焦时，心里开始变得无比厌烦，他还会感激吗？这跟延后酷刑最为残忍是一个道理，在某种意义上对犯人快速处决也是一种仁慈，因为痛快地砍了头也算是终止了折磨。在死刑中，判决与行刑之间的间隔最让人觉得糟糕；同样地，就恩惠而言，做出决定的时间越短，得到的感激越多。虽然这些恩惠也都是为了帮人脱困，但等待来的恩惠让人心焦，因此，如果可以立刻使他人脱困，却仍让他备受煎熬地等了很长时间，或让他迟迟得不到被获救的喜悦，其实，施惠者就等于是在作践自己的恩惠。乐善好施都是用来救急的，乐于行动的人都会雷厉风行。如果一个人施惠时一拖再拖，那么就并非是出自他的真心实意。于是，他就失去了两样宝贵的东西：时间和善意的证据。拖延的同意就等于是不同意。

施惠是一个纯粹的行为

就投标枪这事而言，用力投出的和失手滑出的标枪的打击力大为不同，尽管制作枪头的钢铁都一样重；同样的一把剑，既能擦伤一个人，也能刺死一个人，关键在于是如何刺出这一剑的。同样的道理，施与的态度最为重要，尽管给的东西可能都一样。如果施惠者给了就忘了，不让我们感谢他，那这样的礼物真是相当妥帖和珍贵！如果在施惠时去责骂受惠者，那简直是疯了，这是在善行中加入了侮辱的成分。所以说，决不能带着丝毫令人不快的东西去施惠，不能因恩惠让人着恼。即便你有什么想要告诫朋友的，还是换其他的时间再说吧。

不要强制别人接受你的恩惠

法比乌斯·韦如考苏斯[①]曾说过：“心地冷硬的人粗鲁地施与的恩惠，就像掺着沙子的面包，饥肠辘辘的人必须接受，却难以下咽。”

正确选择施惠的时机

道德问题专家一致认为，在必要的情况下可公开地施惠；在其他非必要的情况下，要私下里施惠；在接受荣誉的情况下，比如军功章、官位以及其他由于公开而更引人瞩目的荣誉，

① 法比乌斯·韦如考苏斯：罗马共和国将军，公元前216年被北非古国迦太基统帅汉尼拔在坎尼战役中，用计谋打败。

就要公开地去施惠。反之，对于那些不能提升威望，而是帮助解脱病痛、贫穷和耻辱的恩惠，就应该私下里给予，只让受惠者本人知道。

对于自尊心过强的人，最好的办法是让他主动发现

甚至有时候在帮助人时还得瞒着受助者，不能让他知道是谁帮了他。有这样一个故事：阿基劳斯有这样一个朋友，很穷但又不愿让别人知道，他即使在病重无以维持生计时也依然瞒着大家，于是阿基劳斯就趁着他不注意，在他的枕头下放了一个钱包，这样的话，这个自尊过头的人就可以去发现，而不是去接受他所需要的东西了。

不要施与对对方有害的礼物

有些赠与会败坏受赠者的好感，在这种情况下，行善不在于给，而在于不给。我们应该优先考虑的是求助者的利益而不是他们的愿望。因为，人们经常会对有害的东西有欲望，判断力会因为情绪的阻碍而无法认清这些东西的害处；但是，当欲望平息后，当谨慎击垮狂热的情绪过后，我们就会痛恨给我们带来恶果的礼物的赠与者。我们不给病人喝冷水，不给沉浸于悲伤和怒火正烧得旺的人提供武器，不给疯子会伤害到他自己的任何物件；我们一定要拒绝那些要求得有害东西的人，哪怕他们求得诚恳而卑微，甚至是表现得可怜巴巴的。不仅要关注恩惠的开头，还要考虑其结果。所谓恩惠，就应该让人接受时高兴，接受后也高兴。

许多人会说："我知道这对他没什么好处，但我能怎么办呢？对于他的苦苦哀求，我拒绝不了啊。那是他自己的事情，要怪只能怪他自己，不能怪到我身上。"非也，你错了。他会责怪你，并且他这么做是对的。当他恢复了理智，当扰乱心神的狂热退却之后，他怎会不痛恨那个置他于危险之中的人呢？如果求助者的要求对他自己是毁灭性的，那么屈从于这种要求的善意就是十分残酷的。

如果有人要钱是用来包养情妇的，那我就不会给他钱，我也不会搅合到丢脸的事情或筹谋中。如果是我力所能及的，我就会去阻止他犯罪；如果是我力不能及的，我也不会助纣为虐。不论一个人是因为愤怒而误入歧途，还是受惑于勃勃雄心而离开安全的道路，我都不会让他利用我的力量为祸为害，也不会让他将来有机会说出“那个人用他的爱毁了我”之类的话。有时候，朋友的恩惠和敌人的祈祷之间并没有什么区别。后者是希望能毁掉我，而前者时机不对的善意也恰恰会毁掉我。然而，恩惠和仇恨之间没有差别的情况经常发生，还有什么比这更让人感慨的吗？

在施与时，每个人都应该权衡自己的财力和能力

不要去施与会给自己带来羞辱的恩惠。友谊的全部意义就在于朋友之间的平等相待，给予朋友帮助时需要把双方的利益都同时考虑到。如果他需要，我就帮他，但是不能因此弄得自己反而需要别人的帮助；在他破产时，我会帮他，但不能因此把自己也弄到破产的地步，除非这样做能挽救的是一个伟大的人物或一项伟大的事业。

我自己都耻于向别人要的东西，我是不会给别人的。既不夸大小恩小惠，也不把大恩大德错认为是小恩小惠；把施惠当作是放贷，那会毁掉别人所有的感恩之心；只要对方能认清楚恩惠的价值，那你的赠予就已发挥了大用处。

每个人都应该权衡自己的财力和能力，以免在施惠时做得过度或做得不够；还应该考虑受赠者的品性，某些礼物送给大人物会显得寒酸，而送给小人物又会显得过于贵重。在评估礼物的价值时，应该对比赠与者与受赠者双方的品性。对施惠者一方而言，礼物既不能过轻，也不能过重；对于受惠者一方而言，不至于礼物过轻而入不了眼，或过重而惶恐不安。

施与时不要忽略对方的感受

亚历山大满心想的都是很浮夸的计划，心智简直有点儿不正常，比如他曾经拿一整座城市赠送给一个人。被赠与者权衡了自己的身份后要拒绝，说自己配不上，怕招来别人的嫉妒。亚历山大回应他说："我并没有问你适合接受什么，而是在说我适合给出什么。"这话听起来很霸气，有王者风范，实际上愚蠢至极。因为，就礼物本身而言，它并不能决定适合于送给谁；怎样才是合适的，完全取决于赠与者和受赠者，以及送礼的时间、地点和理由等，除开这一切，其他都免谈。

恩惠必须能够既适合于施惠者，也适合于接受者

克律西普[①]关于球类游戏有一个说法，这里我借此做个类比。在这个球类游戏中，如果球掉在了地上，那么毫无疑问，或者是投球手的责任，或者是接球手的责任，而这个游戏只有在双方都准确地投球和接球时才能不断地玩下去。好的球手必须既能够把球扔给离他比较远的队友，也能够把球扔给他身边的队友。对于恩惠而言，道理是一样的。恩惠必须能够既适合于施惠者，也适合于接受者，否则的话，它就不能顺当地从施惠者的手里传递到接受者的手里。

施惠者本人往往是别人忘恩负义的主要原因，是我们促成他们忘恩负义的，就好像我们的恩惠回报不了时才显得伟大似的！这就跟心怀恶意的球手故意为难队友一样，他们损害了整个比赛，因为游戏只有建立在合作精神上才能进行下去。

有许多施惠者挺反常的，宁愿不要别人给

---

① 克律西普：斯多葛派的第三代领袖。他系统地发展了芝诺的学说，对斯多葛派哲学形成完整体系和广为传播贡献颇大，被视为该学派的第二创始人。

的东西，就是不情愿接受回报——因为他们太自负了，就喜欢让别人欠着他们的人情。然而，让受惠者做他们该做的事，鼓励他们知恩图报，对受惠者做的所有事情都抱以善意理解，就如同自己施惠给他人一样去接受他人对自己的谢意，对受惠者的尽心回报抱以信任，这才是美好、友善的事情啊！

放贷者会因过分讨债而让人感到厌恶，但如果他在还款上制造麻烦、刻意拖延，他的名声同样好不到哪里去。就恩惠而言，接受回报是对的，如同要求回报是错的一样。如果一个人施惠的时候是乐意的，且从不要求回报，但对别人的回报也欣然接受，他真诚地忘记了以往的付出，而是把别人的回报当作恩惠来接受，那么他就是再好不过的一个人。

在接受恩惠时心怀感激之情

在决定要接受别人给的礼物后，就愉快地接受它，表现出自己对此的欢喜，并让赠与者看到这一点，这样他的善意就已经得到了即刻的回报。看到朋友们幸福，我们就已经有充分的理由感到高兴，当然，更好的是你让他获得了幸福。公开地表达感激之情，不但要让施惠者听到，还要让所有人听到，以示礼物何其美好。在接受恩惠时心存感激之情，那就已经偿还了第一笔债务。

只要你有真心回报的愿望，就已经足够了

绝不要把自己的弱小和贫穷当作忘恩负义的借口，也不要说什么“我要做什么，如何做呢？我什么时候能回报那高高在上的‘宇宙之主’呢？”事实上，回报并没有那么难。如果你吝啬，也并不需要花你的钱；如果你懒惰，也并不需要你劳作。一旦你欠下了报恩的义务，只要你有真心报答的愿望，你就已经做了许多，因为，欣然接受恩惠的人已经是对恩惠做了报答。

施惠不求得到回报

当一个人施惠之时，其目的是什么？答案就是：为了帮助被施惠的对象，使他快乐。如果他得以施惠，且其善意被我接受，让大家都高兴，那么他就已经达到了目的，他并不希望我回报给他任何东西作为交换，否则，那就是交易而非恩惠了。如果一个人抵达了他作为目的地的港口，那么他的航行就成功了；手稳健地掷出飞镖，击中了目标，那么手就完成了它的使命；施惠者希望受惠者能够心怀感激地接受恩惠，如果恩惠被欣然接受，那么他施惠的目的也就达到了。

当一份恩惠被欣然接受时，施惠者就已经收到了感恩这种报答

菲狄阿斯是做雕像艺术品的，他作品的艺术性是一回事，经济性又是另一回事。作品的艺术性在于完成对东西的创造，其经济性在于能挣钱；即便雕像没有卖掉，他的艺术工作也已经完成了。所以说，他表现了作品的三个层次：第一层是对作品的创造，这个在雕刻工作完成时就已经获得；第二层是作品带来的荣誉；第三层是作品带来的实惠，或者是卖了钱，或者是其他方式。同样的道理，恩惠的第一层回报就是施惠者对它的认知，一个人在按自己的意愿赠送别人东西时，就已然体验到了；第二层回报是恩惠带来的荣誉；第三层回报是受惠者回赠的东西。因此，当一份恩惠被欣然接受时，施惠者便收到了感恩这种报答；不过，还没有收到经济方面的回报罢了。所以，如果说我亏了，那完全是恩惠之外的某种东西，因为就恩惠本身而言，在受赠者充满感恩地接受这种行为中，我已经得到了完全的回报。

对于善意，用善意来回报

如果我们充满善意地接受恩惠，那么就已经回报了恩惠这种善行。就恩惠的物质载体而言，我们当时虽然没有回报，但是我们有着回报的愿望。对于善意，我们已经用善意作了回报；对于具体的实物，我们还需要用实物去还。因此，尽管说欣然接受恩惠已然是对施惠者的回报，我们还是建议回赠施惠者类似的礼物以作回报。

论幸福

幸福需要自己定义

加利奥，我的兄弟呀，幸福的生活是所有人都希望的，但是，当要弄清楚到底是什么使生活幸福时，人们是感到迷惘的。获取幸福生活确实具有相当大的困难，如果一个人在通往幸福的道路上选错了方向，他为争取幸福生活付出的精力越多，那么他就会离幸福越远。如果他一开始选择的方向并不通向幸福，那么速度越快他就会偏离目标越远。

因此，首先我们必须要确定所追求的目标是什么。然后，我们必须要寻找能带我们最快到达的路径。在这个路途中，如果我们是在正确的路上，我们就会知道每天走过了多少路程，并知道我们离目标又近了多少，这个目标是我们的自然欲望促使我们去获得的。然而，如果我们还在漫无目的地游逛，没有方向，只是听从人们吵吵嚷嚷的不同建议，我们的人生就会浪费在不断犯错上。即使我们夜以继日地追寻真理，短暂的一生还嫌不够用呢。因此，我们要确定好我们的目标以及我们要走的路，此外，我们还需要找一个经验丰富的向导，他探索过我们将要进入的领域。

这次旅程与大多数旅程很不相同，在这次旅途中，井然有序的道路以及向当地的居民询问，并不能让你免于误入歧途。反而，在这次旅程中，人们走得最多、最频繁的路是最具有欺骗性的。因此，要强调的最重要的一点就是，我们不应该像羊那样随大流、跟随前人，那样我们就会走向别人要去的地方，而不是我们应该去往的地方。我们认为得到广泛认可的东西就是最好的东西，我们还认为有非常多的东西值得效仿，所以说，我们生活依据的原则不是理性，而是模仿；然而，给我们带来最大麻烦的，莫过于听信流言这种事情了。结果就是，人们在奔向毁灭的途中，前赴后继，争先恐后。这就像一大群人在灾难爆发之际，你推我挤，无不拉拽着其他人一起下水，前面的人害了后面的人，这样的情景在生活中无处不在。凡迷失的，受到影响的不仅仅是他自己，更会引起和诱导他人也陷入迷途。

盲从于前人是有害的，如果每个人更乐于相信别人的判断而不是自己的，我们对自己生活的判断就绝无长进，只能诉诸盲信。口口相传的错误迷惑了所有人，并且毁了大家。正是以他人为榜样败坏了我们自己，所以只有与人群保持距离，我们才能重获健康。但现在的情况是，人们为自己的恶行辩护，使自己与理性背道而驰。议会选举时也有类似的情况发生，一旦公众好感的风向发生了变化，恰恰是选举出了保民官的那些人开始诧异当时是怎么选出这些官员的。对同一件事情，我们一会儿表示赞同，一会儿又要批评，每个随波逐流的决定都会这样摇摆不定。

让灵魂去发现灵魂的善

当我们讨论幸福生活之时，你说“似乎大多数人都持这种观点”，你给了我这样老套的回应，以为投票就可以解决这种问题，然而这样说毫无道理。正因此，这一种观点才是更糟糕的。认为大多数人喜欢的就是更好的东西，这并不能愉快地解决人类的困扰。这种观点的证据就是人群，选择这一观点是最糟糕的。所以，让我们来问问什么是最应该做的事，这里的“最应该”并不是指最惯常的做法；让我们来探寻下是什么确立了最持久幸福的标准，这标准并不需要乌合之众的认同，因为乌合之众最不可能支持真理了。不过我所谓的“乌合之众”，既包括达官贵人，也包括平头百姓，他们都是芸芸众生中的普通的一员。在此，我并不考虑人的穿着打扮，在评判一个人的时候，我并不信任我的眼睛，我有一个更好更可靠的方式来分辨其真伪，那就是：让灵魂去发现灵魂的善。

与自己的本性和谐统一

因此，幸福生活就是与自己本性和谐一致的生活。实现幸福生活的唯一途径要满足以下条件：首先，心灵要清醒，并保持理智；其次，心灵要勇敢并充满活力，有卓越的忍耐力，能随遇而安，关注身体以及与身体有关的一切问题，但是又淡然处之，毫不焦虑；再者，用心去关注所有为生活增光添彩的东西，但是对其中的任何事物都不要过分看重，好好利用命运的馈赠，但是不要成为命运的奴隶。

即便在此我不多说，你也要明白，一旦那些使我们恼怒或恐惧的事物消散，随之而来的就是一种绵绵无尽的安宁和自由状态。因为，一旦快乐和痛苦被无视，那些琐碎而脆弱的东西，以及因其坏的影响而有害的东西，都会被取代，我们就会体验到一种坚定而持久的巨大愉悦，以及心灵的安宁与和谐，还有与仁慈相伴的强大。因为，一切残暴的冲动都源于脆弱。

幸福生活就是拥有一颗独立高贵的心灵

如果一个人认为，除心灵的善恶之外不存在善恶，珍惜荣誉并追求德行，对人生际遇宠辱不惊，认为只有他自己才能赋予自己无人能及的善，并在无视快乐中找到真正的快乐，这样的人就可以称之为幸福的人。如果你想从更广泛的角度来看这个问题，那也能够用其他的表达方式来讲这个概念，不同的表达方式并不会削弱或者遮蔽这个概念的意义。因为我们完全可以这样来说：幸福生活就是拥有一颗独立、高贵、无所畏惧和不可动摇的心灵。这样的心灵超越了恐惧和欲望，它认为荣誉是唯一的善，耻辱是唯一的恶；除此之外的其他事物都是微不足道的，获得它们或失去它们，既不能使幸福生活减少些什么，也不能使幸福生活增加些什么。

具有如此底气的人，不管是否出自他的意愿，他身上都必然洋溢着持续的快乐和发自内心深处的深刻幸福，因为他的愉悦来自于他自身，他不需要任何比内心的欢乐更大的欢乐了。当他把这种欢乐与那些琐碎、微不足道和转瞬即逝的身体感觉相比较时，他还会不明白吗？当一个人超越了快乐的时候，他也将超越痛苦。你会看到，当一个人被快乐和痛苦奴役时，他所屈服的那种奴役是多么邪恶和有害，那些暴君正是如此任性而残忍地滥用权力。因此，我们必须逃向自由。

没有理性的人，无法言论幸福

既然我已经比较敞开地来讨论这个话题了，人们还可以把幸福的人描述为：由于理性的天赋而从欲望和恐惧中解脱出来的人。不过，即便岩石没有恐惧和悲伤，农场里的动物也一样，但是没有人因此就认为它们是“幸福的”，因为它们根本不懂什么叫幸福。那些混混沌沌、缺乏自知之明的人，也可以归为这一类，他们把自己降低到了跟野兽和牲畜一样的水平上。这种人和那些动物之间没有什么区别，这是因为后者完全没有理性，前者则是其理性被扭曲了——将精力花在了错误的方向上，反倒伤害了自己。连真理的门都摸不到的人，是绝对称不上幸福的。因此，幸福生活建立在可靠和正确的判断基础之上，这一点无可更改。

追求美德并不等于追求快乐

有些人声称最高的善源于口腹之乐，不过即便是他们，也明白自己把善放在了一个十分不值得尊敬的地方。相应地，他们还说快乐与美德是无法分开的。他们认为，除非一个人过得快乐，否则他就活得不值得称道（即有德行），反之亦然。然而，我无法看出截然相反的东西如何能够同向而行。我请你来回答，如果说快乐与美德无法分开，这到底是什么原因呢？每一件善事都源于美德，你热爱和渴望之事也源于美德，这就是你的论点吗？如果快乐和美德无法分开的话，我们就不会看到一些事虽让人快乐，却不值得称道；也不会看到一些事虽值得称道，却充满痛苦，并且是只有经历痛苦才能做到这些事。再进一步地想想，即便是最不光彩的生活中也存在着快乐，然而美德绝不会让生活变得不光彩。更何况说，有些人不幸福并不是因为缺乏享乐，而恰恰是享乐本身让他不幸福。如果说快乐是美德不可或缺的组成部分，那么这些情况就不可能会发生。美德中并没有快乐这个部分，而且美德从不需要快乐作为它的必要组成部分。

美德是崇高的、高尚的、高贵的，它坚不可摧，且孜孜不倦；快乐则是卑贱的、奴性的、软弱的、易毁灭的，它的出没之处和居住之所是妓院和酒馆。

幸福的生活，就是顺应自然的生活

还有一个事实是，快乐既存在于善中，也存在于恶中。声名狼藉的人在他们的不光彩中获得的快乐，并不亚于值得尊敬的人在他们的荣誉中获得的快乐。因此，先哲教导我们要追求最好的生活，而非最快乐的生活；从而，快乐就不会主导而是伴随着我们那些正确而有价值的欲望。因为，我们必须以自然为向导，自然才是理性的依靠，自然才是忠告的来源。因此，幸福生活和顺应自然的生活才是同一件事情。

在感官的刺激下，理性是要研究外部事物的，但它从这些外部事物中得到最初的原则后——因为最开始并没有别的途径去尝试或检验真理——它就应该返回自身。对于神而言，它也是延展到外部事物的，尽管如此，它又抽离于所有方面，并且回归自身；它作为世界无所不包，同时又是宇宙的统治者。让我们的心灵也这样做：当它跟随那些听从它的命令的感觉，并通过这些感觉去接触外部事物后，让它成为那些感觉和它自己的主人。如此一来，就会产生一种单一的能量，一种与自身和谐一致的力量，以及一种可靠的理性，这种理性既不与自身相矛盾，也不会对自己的观点、知觉或信仰犹疑不定。这种理性，一旦它自己有了秩序，且所有部分都达到了和谐，也就是说相互协调一致，也就达到了至善。因为没有什么扭曲的、棘手的东西能威胁它，也没有什么东西能使它磕绊或跌倒，所以它会凭借自己的力量去做每件事，不会碰到任何意料之外的事，它的每个举动都会有好的结果，且轻而易举，用不着费尽心机；因为，勉为其难和犹豫不决预示着内心的冲突，和不够坚定。因此，你可以大胆地宣称：最高的善就是精神的和谐一致；哪里有和谐与统一，哪里就有美德——矛盾冲突则与邪恶如影随行。

追求美德是为了让心灵变得完美

有人会反驳说："但是即便是你自己要实践美德，也只不过是希望从中获得一些快乐罢了。"首先，如果美德确实带来了快乐，那么这也并不是我们追求美德的原因。美德给予的并不是这个，而是比这个更高级的东西。美德并不致力于获得快乐，它另有目的，但美德致力于这目的时也获得了快乐。打个比方来说，在一块开垦出来种粮食的土地上，到处长了一些野花，虽然这些野花挺养眼，但费了那么大劲开垦出来的土地并不是用来长野花的，耕种者另有目的，这些野花算是意外收获。所以说，快乐并不是美德的回报或原因，而是一个副产品。我们喜好美德并不是因为它使我们快乐，但是我们喜好美德，它也会让我们快乐。最高的善是在选择它的过程中发现的，就在心灵变得完美的条件之中。当心灵完成了它的历程，并坚守它自定的原则时，最高的善已经达到，并且它无需更多的东西。这是因为，整体之外没有任何别的东西，终点之外没有其他更多的点。归根结底，你问我追求美德的原因是什么，这是一个错误的问题，因为你这是在一个东西的终极存在形式之外寻找它。

在对快乐的节制中，美德才体会到了快乐

这人继续反驳说："你曲解了我的意思。我的观点是，如果一个人活得不受人尊敬，那么他就不可能活得快乐。当然，口不能言的动物不可能这样，那些只通过食物来衡量自身利益的人也不可能这样。我说得很清楚了，并且坦诚地证明了，这种我称之为快乐的生活，如果没有美德的加持是不可能实现的。"

美德看穿了这一切，它时刻保持警醒，在认可任何快乐之前都要审视一番，对于被它认可的那些快乐也当作是无关紧要的，或者仅仅就是认可而已。并不是在快乐的享受中，而是在对快乐的节制中，美德才体会到了快乐。但是，既然节制减少了我们的快乐，这就会损害到你所谓的至高的善。你拥抱快乐，我抑制快乐；你享受快乐，我利用快乐；你把快乐当作至高的善，我甚至并不认为快乐是善；你为了快乐什么都做，我不会因为要快乐去做什么。

快乐，只能偶尔点缀于生活之中

想一想诺曼塔努斯[①]和阿皮丘斯[②]吧，他们热切地搜寻着来自陆地和海洋的“贡品”，品味着餐桌上来自各个地方的特产。看看他们那伙人，斜倚在玫瑰花坛上，审视着自己丰盛的食物；他们的耳朵陶醉在歌声中，他们的眼睛观赏着奇异美景，他们的味觉享受着美酒佳肴；他们全身都裹在柔软舒适的布料中，浑身暖洋洋的；同时，他们的鼻孔也不能闲着，这个堆满了奢侈品的房间充斥着各种香气。

---

① 诺曼塔努斯：著名的浪荡子。

② 阿皮丘斯：著名的美食家，有一本署着他名字的食谱流传至今。

这些人，虽然愚蠢、矛盾且常常悔恨苦恼，但是确实体验着极大的快乐。所以，必须承认，这种时候的他们虽然远离了健全的心灵，也同时远离了所有不快。并且，就像许多人一样，他们在癫狂中兴高采烈，在放纵中开怀大笑。不过与此相反，贤哲的快乐是放松的、适度的、毫不费力且不事声张的。这种快乐并不是被召唤来的，虽然它们近乎于不请自来，却也不被看得很高，身处其中的人也并不是满心欢喜地体验这些快乐。因为快乐只能偶尔点缀于生活之中，就如同我们在处理严肃的事情时也会讲个笑话放松下一样。

因此，请不要把不相容的东西硬扯在一起，不要把快乐和美德联系在一起。这样做有缺陷，迎合了最坏的一类人。一个醉醺醺的人打着嗝儿，沉浸在快乐中，因为他知道自己活得很快活，以致于想象着自己也生活在美德之中（因为他听说快乐与美德是分不开的）。然后，他将自己的恶行视作智慧，并大肆张扬那些本应该隐藏起来的东西。所以，并不是伊壁鸠鲁促使他们做出这种放荡的行为，相反，是沉迷于罪恶的他们用哲学的外衣来掩盖他们的挥霍无度。他们一窝蜂地奔向一个地方，在那里他们可以听到对快乐的赞歌。他们不知道伊壁鸠鲁的“快乐”是多么清醒和自我否定，快乐确实如此，我完全相信。但他们只是直奔这个名字本身而已，为自己的低级冲动寻求某种程度的辩护和掩盖。如此一来，他们失去了他们在邪恶的状态下所剩下的唯一的善，也就是做错事的羞耻感。他们称赞那从前叫他们羞红脸的事情，他们以邪恶的方式寻欢作乐。因此，一旦他们找到了一个高尚的名字来遮掩其可耻的懒散，他们可能甚至再也找不回自己年轻时的抱负。你不吝于赞美快乐，这样做将会付出巨大的代价，其原因在于：你所信奉的这种教导中，正派的部分隐藏在里面，败坏的部分却显而易见。

巨大的快乐意味着巨大的不幸

我们在狩猎野兽时面临着艰辛和危险，然后我们发现即使是保留被捕获到的猎物也让人担忧，因为它们经常会伤害自己的主人。巨大的快乐也是如此，事实证明，巨大的快乐就意味着巨大的不幸，捕获快乐的人反而被快乐捕获。快乐越多越强烈，被众人称为快乐的人就越低人一等，他要伺候的主人也就越多。

接纳属于我们自己的命运

“不过，”有人问，“是什么阻止了美德和快乐合二为一？是什么阻止了值得尊敬的和让人快乐的成为同样的东西，并以此达到至高的善？”我的回答是，值得尊敬的东西不可能有不值得尊敬的部分，如果至高的善在自身上发现了与其较好部分不同的东西，它就将无法保持纯洁的状态。

你没有将美德立在坚固不移的根基上，而是让其立足于没有根基的地方。然而，还有什么比等待好运降临、身体状况的变化以及影响身体的各种因素更不稳定呢？一个这样的人，如果被快乐和痛苦刺挠得心烦意乱，他又怎能顺从天意，乐观地接受所发生的一切，不怨天尤人，而是善意地解释自己所遭遇的不幸？如果他一心想着快乐，他就不能很好地去保护或捍卫自己的祖国，也不能守护自己的朋友。

无论宇宙的构造带来了什么我们不得不承受的遭遇，我们都要以非常坚韧的心态去承受。

这就是我们必须承担的神圣职责，这种职责就是我们要接纳我们凡人的命运，不要为这些事情困扰，它不是我们的能力所能避免的。

向着美德前进，就是向着自由前进

如果一个人超出了所有的欲望，那么他还能缺什么呢？如果一个人已经从自身上聚齐了他所需要的东西，那么他又有什么外在的需要呢？不过，当一个人仍在向美德前进，即使他已经取得了相当大的进步，如果他仍在人类生活之网中挣扎，那么直到他从生活之网中解脱并摆脱他所有的世俗羁绊，他仍需要命运向他显示一些善意。那么，这里的区别是什么呢？事实上，有些人被束缚着，有些人是戴着手铐，有些人则是手脚都被捆着。一个人朝着更高的领域迈进，境界越高，他身上的锁链就越松，虽然尚未自由，但是也几近自由了。

为什么你总是追求更好的东西

那些狂吠着反对哲学的人们中的一员抛出了他们常用的质问：

“为什么你说的比做的要勇敢得多？

为什么在上级面前你显得那么唯命是从？

为什么你把钱看得那么重?

为什么你为失去而伤心，为你的妻子或朋友的死而痛哭流涕?

为什么你还在意你的名声?

为什么你对闲言碎语苦恼不已?

为什么你要耕种超出了你自然需求的土地?

为什么你吃饭时就忘记了自己说过的那些话?

为什么你的家具如此精美?

为什么你和你的客人要喝比你年龄还要长的陈年好酒?

为什么你的餐具奢侈到用金子做?

为什么你要种除了遮荫毫无用处的树?

为什么你的妻子戴着富贵人家才戴得起的耳环?

为什么你年轻的仆从也穿着昂贵的衣服?

为什么伺候你们用餐要那么讲究?

为什么你家的银质餐具不得随意摆放，就像你常说的那样，要那么考究?

为什么还要有专人为你置酒布菜?”

如果愿意，还可以问更多，诸如:

“为什么你在海外有产业?

为什么多到你自己都巡视不过来？

为什么你这样粗心大意，连你那屈指可数的几个奴隶都不认识？

为什么你这么挥霍无度，奴隶多到自己都记不过来？真是可耻啊！”

不要以个人的行为来否认他的理论

“你说的是一套，做的又是另一套。”你说。你们这些充满怨恨、憎恨一切出类拔萃的人的家伙啊，你们也这样指责过柏拉图，是的，还有伊壁鸠鲁，以及芝诺。这些哲学家所描述的并不是他们自己的生活过得怎样，而是他们应该如何生活。我所谈论的是美德如何，而不是在谈论自己如何，我的责骂是针对恶行的，特别是针对我自己的恶行。当我能够做得到时，我一定会按照我应该做的那样去生活。

如果在一个人眼里，只有犬儒派的狄麦多里阿斯才够穷，那么还不把任何人都看得富过头了？这个犬儒主义者极富勇气，他反对一切自然欲望，在犬儒主义者中没人穷得过他，其他犬儒主义者禁止自己享有财产，他则连想一想财富的念头都禁止了。对于这样一个人，他们还要说，他不知道什么是真正的贫穷。因为你知道，他公开宣讲的知识，不是关于美德的，而是关于贫穷的。

当一个优秀的人犯错时，人们只会记住他的过失

说到狄奥多罗斯，他是伊壁鸠鲁派哲学家，在人生最后的日子中，他自己动手结束了自己的生命。他们对此评价说，他割喉自刎违背了伊壁鸠鲁派的教导。有些人认为他这样自杀是疯了，另一些人则认为他这样太轻率了。然而，他自己是幸福的，并问心无愧，在离世时为自己做了见证，他称颂了自己在一个安全的避风港中度过多年的安宁岁月。他说过以下大概你从未听过的话，你听了会觉得自己也需要这么做：我活过了，如今我已经走完了命定的路程。

一个人的生和另一个人的死，这是你们争论的主题。当听到因杰出功绩而获得伟大成就的人的名字时，你竟会像遇到陌生人的狗一样狂吠；因为你发现没有人表现得优秀对你是有利的，似乎别人的美德让你的过错都很没面子。你带着嫉妒的眼神比较他的光辉形象和你自己的猥琐面貌，却不知道你这样做对自己是多么有害处。如果那些追求美德的人尚且贪婪、好色、野心勃勃，那么你这种连美德之名都憎恨的人又算是什么呢?

在追逐目标的过程中，即使没有达到顶峰，也足以令人称赞

你说：“哲学家不去践行他们所宣扬的。”但是他们所传的，他们令人尊敬的心灵所谋的，他们多半去践行了。我多么希望他们的言行总是一致，那样他们的幸福将会登峰造极！再者，你没有理由对高尚的言辞和充满高尚思想的心灵嗤之以鼻，因为研究有益的学问本身就值得称赞，即使他们没有带来实际的结果。有些人试图攀登高峰但没有达到顶峰，不是也很了不起吗?

坦然对待命运的馈赠

哲人认为长寿还是短寿并没有区别，不过，要是条件允许的话他还是要延年益寿，并安享晚年，这是为什么呢？他认为不该看重这类事情，不是说不许自己拥有它们，而是说在拥有时不要为其焦虑。他并不赶它们走，但是如果它们要离开他，他就会像一个从未受到叨扰的主人一样把它们送到门口。

哲人并不认为自己不配任何命运的馈赠。尽管他不爱财富，但他也愿意拥有财富；他不把财富放在心里，而是放在家里；他不拒绝财富，而是保存财富，并希望财富能给他提供更大的施展美德的空间。

不要把自己变成金钱的奴隶

对于哲人而言，他富时会比穷时更有余地展示他的能力，这是毫无疑问的。因为在贫困的情况下，只存在一种美德，即不被贫困压弯和击倒；财富则为美德的发挥留下了充足的空间，诸如节制、慷慨、勤奋、有条不紊以及宽宏大量。哲人不会看轻自己，即便他的身量如同侏儒一样矮小，不过他也想长得高大。如果他体质虚弱或者只有一只眼睛，他依然会坚强，但是他更乐意有一副强健的身躯；尽管事实上，他知道自己拥有比肉身更强大的某种东西。他虽会忍受身体不好，但也希望身体健康。虽然这些事情对于整体而言是微不足道的，没有它们也不会损害善的根本，但是这些事情对源于美德的无尽快乐而言确实真有作用。财富对哲人的影响，是它带给哲人的快乐，就如同水手在航行中能够顺风而行，如同寒风凛冽的冬天里的一个晴好天气或者一块阳光明媚的所在。

对于我而言，如果财富溜走了，我所失去的只不过是财富本身罢了；但是如果财富离你而去，你会目瞪口呆，你会觉得失去了自己，无所适从。在我眼中，财富有一席之地；在你眼中，它却是舞台的中心。总而言之，我的财富属于我，你却属于你的财富。

有智慧的人不会让财富成为自己的负担

因此，你们不许哲学家有钱，真是够了。没有谁判定有智慧的人就得受穷。哲学家可以有可观的财富，但这钱财不是从任何人的手里抢来的，也不会沾染其他人的血，而是既没有蝇营狗苟也没有巧取豪夺地赚来的；如同赚钱一样，哲学家花钱也是光明正大的。只有心怀怨毒的人才会抱怨这种事情。只要愿意，就尽管积累财富吧：这是值得尊重的。尽管每个人都想将这些财富据为己有，但其中没有一件是任何人能够宣称是属于他自己的。当然了，哲学家不会把命运馈赠的财富从他的人生路上推开。而且，当他以正当的方式获得了一笔遗产时，他既不会自吹自擂，也不会羞愧难当。

即使他可以步行完成一段旅程，他也宁愿坐马车。同样地，即便他是个穷人，他也希望能做个富人。因此，他会想拥有财富，但他知道财富是变化无常的，且容易烟消云散，他不会让财富成为自己或任何人的负担。他会把钱财捐赠出去。你怎么竖起耳朵来了？你怎么把口袋也准备好了？他会把钱给好人，还会给那些能改造好的人。他会非常仔细地挑选出最值得的人，把钱送给这人。同时他会谨记：他花出去的不能比他得到的回报少。他只有在正当且无可非议的理由下才会把钱送人，当领受人不值得送的时候，那送出去的钱就是一种可耻的浪费。他的钱袋是可以伸进去拿，但是这钱并不会漏；他可以慷慨解囊，但也绝不随便给予。

对不同的人，要予以不同的施惠形式

如果一个人认为送钱是件容易的事，那他就错了：这是一件很难的事。因为捐赠给谁要深思熟虑，而不是毫无章法、随心所欲地到处送钱。对这个人，我是服务；对另一个人，我是回报；再有一个人，我是帮助他；另一个，则是怜悯他；还有一个人，我送给他钱，因为他不该被贫穷打倒，也不该陷入贫穷的煎熬中。对于有些缺钱的人，我却不会捐赠给他们，因为即便我给了他们一些钱，他们也会需要得更多，永不止息。对于另一些缺钱的人，我会提供帮助，在某种情况下甚至强迫他们接受我的捐赠。我不能粗心大意地对待这件事，在捐赠时我会无比认真地登记名单。“你在搞什么！”你说，“你还想拿回来不成？”不是你想的那样，我只是为了避免浪费。施惠时应该有这样一种姿态：不应该索取回报，但应该有所回应。一个恩惠应该深埋如宝藏，只有在必要的时刻才挖出来。

美德并非不劳而获，不同的环境造就不同的美德

我还是宁愿征服而不是被征服。我对于命运的整个领域都是不屑一顾的，不过如果让我选择的话，我会选择其中较好的部分。无论我遭遇了什么，它都会成为一种善，但我也更愿意我的经历是更愉快、更惬意的，是不那么棘手的。因为，你没有理由认为任何美德都是不劳而获的；既然如此，有些美德需要的是鞭策，有些美德需要的则是约束。

因此，在贫穷的情况下，我们会运用那些更加坚强的美德，这样才知道如何奋斗；而在富裕的情况下，我们会运用那些更加谨慎的美德，这样才能踮起脚尖前进，还不会失去平衡。由于美德之间存在着这种差别，我倾向于得到那种可以相对平静地践行的美德，而不是那些需要付出血汗才能践行的美德。

愚人只顾眼前的财富

“据此而言的话，如果我们两个人都想要发财，那我这个傻瓜和你这个聪明人之间又有什么不同呢？”差别大了去了。哲人以财为奴仆，愚人以财为主人；哲人不看重财富，但在你眼中财富就是一切；当哲人发现自己被财富包围时，他反而越发关注贫穷，但你让自己顺应于财富，并将自身依附于财富，就好像有人许诺过你将永远不会失去它。

你懒懒散散地摆弄着你的财富，没有预见它所面临的危险。在这个方面，你就像是个野蛮人。通常，当野蛮人被围困时，由于他们对战争装备一无所知，他们会无动于衷地盯着进攻者忙碌，并不理解远处正在架起来的火炮的目的。同样的事正发生在你的身上：你在你的财产中安逸地生活，却没有想到四面八方威胁着它们的那些厄运，正准备着随时夺取你宝贵的战利品。

你的闲暇如此充裕，以致于有工夫去诋毁比你好的人

苏格拉底一进监狱，就使它净化了，使它比元老院都要值得尊敬。听吧，苏格拉底在那监狱中呼喊道："这是多么疯狂，是什么天性让你们与神为敌，与人类为敌，是什么天性让你们污蔑美德，用你的污言秽语亵渎神圣的东西？若能，请赞美好人吧；若不能，就不要提起他们。但是，如果你们希望放任这种卑鄙的诽谤，你们就互相攻击吧。因为，当你向天发怒时，我不会说'你亵渎了神明'，而是会说'你在白费力气'。"

但是，就你而言，你有闲工夫去研究别人的缺点，并评判他吗？"为什么这位哲学家有这么大的房子？为什么这个人吃得如此优雅？"你自己身上长满了烂疮，还看得见别人身上的丘疹吗？也就是说，某个人满身恶臭和瘙痒，却要嘲笑别人漂亮身体上的痣或疣。柏拉图找钱，亚里士多德收钱，德谟克利特忽视钱，伊壁鸠鲁花钱，你们都要批评；你们把亚西比德和费德鲁斯丢在我面前，当作是一种羞辱，然而，当你们有幸仿效我的恶习的时候，你们会发现自己幸福无比。

你为什么不看看你自己的罪，这些罪从四面刺伤你，有些从外面攻击你，有些在你的里面肆虐着。即使你尚未充分意识到你自己的处境，人间之事也还没有达到这样一种境地：你的闲暇如此充裕，以至于有闲工夫来嚼舌根，去诋毁比你好的人。

II

爱比克泰德论——人生如何不纠结

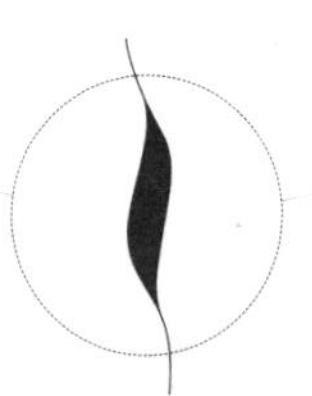

爱比克泰德（约 50 年—约 135 年），最为励志的晚期斯多葛派哲学家。出生于古罗马东部弗里吉亚（今土耳其境内），家世不明，不到十岁就被卖到罗马成为一个权贵的家内奴隶。这个权贵本来也是个奴隶，后来被暴君尼禄释放，并成为他的管家大臣。“爱比克泰德”这个名字的希腊文本意就是“买来的”。在少年时候还做着奴隶的时候，他就展示出了哲学方面的天赋，也因此深得主人器重，并有机会师从斯多葛派哲学家鲁佛斯学习哲学。大概公元 68 年（尼禄驾崩那年）后，爱比克泰德成为已释奴隶，在罗马专门从事哲学活动。他一生矢志不渝地教授斯多葛派哲学，并身体力行，在宁静中终老于偏僻山镇。

与塞涅卡相比，他的一生要平顺很多。由于遇到了伯乐，被释放，他可以做一些自己真正热衷的事，于是他在罗马建立了自己的斯多葛学园，教授斯多葛派哲学。但是当时的罗马皇帝图密善，对影响日益强大的哲学家团体有所忌惮，就把包括爱比克泰德在内的一些哲学家驱逐出了罗马。爱比克泰德便移居到位于希腊西北海岸的偏僻地方尼科波里斯，以教书终其一生。他的老师鲁佛斯强调德行不仅在于理论知识，更在于实践，并认为哲学可用于治疗心灵疾病。爱比克泰德继承了这种思想，他将自己开办的哲学学校称为“医院”，主要进行道德训练。他的学校声誉非常好，吸引了许多罗马的上流社会人士，其中就包括亚利安（Arrion），后成为著名历史学家。

爱比克泰德做人相当低调，关于他的日常，常被人说起的有几件事。他是一个瘸腿的哲学家，但是腿到底是怎么瘸的，众说纷纭。他知行合一，一生清贫，长期居住在一所小房子里，据说只有一床、一席、一灯而已，且房门从来不锁。这样的爱比克泰德，长期一人独居，只以哲学的沉思、教学和践行为乐。不过，他在晚年收养了一个朋友的遗孤，甚至娶了一个老婆，但也有说是他找了一个保姆来照顾那孩子。

爱比克泰德热衷于讲学，但属于述而不作的大家。他的著名学生亚利安记录了他的许多谈话，并整理为《爱比克泰德论说集》，以及从中辑选的《手册》，这两本著作才得以流传于世。他承袭了斯多葛派关于自然和天命、世界主义、理性和德性等基本观点，非常推崇苏格拉底和第欧根尼，也十分重视逻辑学的工具性作用。虽然所留著作不多，却对斯多葛派的发展起了重要的促进作用，甚至被认为是继苏格拉底之后，对西方伦理学的发展做出最大贡献的哲学家。他的学说对其后的哲学和宗教都产生了持久而广泛的影响。

爱比克泰德推崇简洁的表达方式，反对哲学故弄玄虚。因而，他的学说主要集中在对具体生活的伦理学思考上，通过用简洁明了的语言和生动的比喻与听者交流，促其领悟生命的真谛。他主张遵从自然，回归内在的心灵生活，过一种自制的日常生活。

他的论说多从生活细微处出发，并以此展开论证，没有晦涩难懂的概念，但是论证十分严谨。不同于那些雄辩家，他十分强调哲学的道德实践性，认为哲学的用处在于从事道德训练，给人治疗灵魂上的病症，从而使人从各种烦恼和畏惧中解脱出来，能够与社会和谐相处，获得心灵的自由和幸福。当时的罗马社会，奴隶主和奴隶两个阶级之间的冲突很激烈，统治集团内部的权力斗争和财富争夺也很激烈，各阶层都面临着政治生活和道德生活的诸多困惑。而爱比克泰德的哲学看重实践，恰巧给当时各阶层的人们提供了普遍可用的治疗良方。

爱比克泰德认为，人之所以痛苦、纠结、不幸福，在于没有很好地运用自己的天赋理性和道德理念，没有将理性正确地运用于表象。所谓表象是指人对一切对象的认知和情感的心理反应，比如喜欢和厌恶、趋向和逃避、鲁莽和懦弱等等。人往往不能做到苏格拉底所说的“自知无知”，自以为是、任性妄为，泯灭了人的本来天性。所以，人需要通过道德的学习和实践来操练道德理性，从而克制不当甚至向恶的情绪和情欲，恢复人的真正本性。他认为，人的心灵本性上是存真去假、趋善避恶的，对于不明确的东西要中止判断，对于非善非恶的东西要保持中立。让理性正确地运用于表象，这是一种德性，为了达到这种德性，爱比克泰德认为要在三个主要的方面进行选择能力（自由意志）的训练。其一是对所欲与所恶的训练；其二是选择与拒绝的训练；其三是对规避错觉与轻率的训练。这三个方面构成了个人道德进步的阶梯。

爱比克泰德把他的一生过成了他的哲学中所描绘的那样，“虽然疾病缠身依然幸福，虽然身处险境依然幸福，虽然即将赴死依然幸福，虽然被流放边远依然幸福，虽然声名扫地依然幸福”。因为，幸福在于心灵，在于自身内在的东西，而不在于身外之物。“自由和幸福只能在淡然的心境中才能获得”“因为有了理解力，人们才能够进一步去揭示幸福的真谛”。

虽然幸福在于内心，不在于外在事物，但是爱比克泰德并不提倡避世修行。他说：“人们结婚生子当然不是为了获得不幸，而是为了获得幸福。”但是人们常常为了妻子儿女的健康、教育等问题而焦虑，而感到不幸。这是为何呢？怎样才能达到幸福的状态？爱比克泰德给大家提供了极具操作性的建议。

“斯多葛控制二分法”就是爱比克泰德提出来的，并做了详细探讨，是其伦理学上的基本方法论，非常具有独特和原创性。这种二分法要首先区分两类东西：取决于我们的事情，和并非取决于我们的事情。具体怎么说呢？“我们的想法是取决于我们自己的，还有我们的追求、欲望、好恶等，总而言之，我们自己的任何行为都取决于我们自己。”简言之，我们对事情的态度、解释和认知，取决于我们自己，是内在于心灵的；除此之外，都不取决于我们自己，都是身外之物。

那么，这种“二分法”具体怎么实施呢？爱比克泰德讲了许多日常生活中的事例，可以说就是给出了一系列具体的操作示范，比如以游泳为例，他说“专注于游泳这件事，你就会游得尽兴而不为别人打扰。做每件事都应该保持这样的定力”。

谈到死亡，他说“使人们感到困扰的并不是所发生的事情本身，而是人们对这些事情的评价。比如说，死亡本身并没什么可怕，否则，苏格拉底也会害怕死亡。相反，人们对死亡的评价，使人们认定死亡是很可怕的事”。死亡是自然现象，符合自然规律，哲人不会畏惧死亡，会淡然面对死亡。这就是对“哲学就是练习死亡”的经典阐释。

谈到如何获得尊敬，他认为这事取决于别人，你只要各司其职，做好自己的事情就是了。谈到攀比，他说“如果你不参加任何一场胜败并非由你的能力所决定的比赛，那么你将是不可战胜的”。谈到父子关系，他认为，自然而然的事情只是你有一个父亲，而不是你父亲该如何如何，所以说，你有什么样的父亲并不取决于你。

爱比克泰德对人生各种事情都有很深刻的剖析，在上述理性思考的操练基础之上，他对一些事情该如何做，还提出了一些很具体的建议。比如，他强调做任何事情都要既谨慎又自信，要三思而后行，“对于自己的每一项行为，你都要考虑其前因和后果，考虑好了之后再行动”；他认为言多必失，“在大多数情况下，你要保持沉默，或者只言简意赅地说几句不得不说的话”；他还强调要少说多做，“当你厉行节俭生活的时候，不要到处张扬”；等等。

你会发现，阅读爱比克泰德的思想，就像是在读一本摆脱生活烦恼的实操手册。这种感觉是有科学依据的，很多做心理咨询的专家都很推崇爱比克泰德，比如《心理学的故事》的作者莫顿·亨特就指出，爱比克泰德为心理学贡献了一条“忍受和放弃”的合理化原则，其思想蕴含着当下主流的心理疗法——认知行为疗法的核心理念。永远不要说什么“我已经失去它了”之类的话，而要说“我已经把它还回去了”，因为身外之物原本都不属于你，真正属于你的只有你心灵内的东西。当你去读爱比克泰德的思想的时候，请回味一下这句话：

“天灾人祸不足奇，想不开才出问题。”

区分取决于自己的事和不取决于自己的事

自由和幸福只有在淡然的心境中才能获得

有些事情取决于我们自己，有些事情则并不取决于我们自己。我们的想法是取决于我们自己的，还有我们的追求、欲望、好恶等，总而言之，我们自己的任何行为都取决于我们自己。我们的肉身如何并不取决于我们自己，还有我们的财富、声望、公职等，总而言之，任何并非出自我们自己行为的都并不取决于我们自己。

由我们自己所作的决定，其本质就是自由，不受限制，可任意而为。那些并非出自我们自己做决定的事情，其本质上是不牢靠的、被奴役的、受限制的、外在的。那么就要谨记，如果你将本质上是被奴役的事情看作是自由的，将本质上是外在的事物看作是你自己能掌控的，你就会处处碰壁，就会有后悔，就会心神不宁，就会怨天尤人。反之，如果你只将自己力所能及的事情看作是你自己的事情，将自己力所不及的事情归于其他，那么，你就永不会受到胁迫，就没有人能够妨碍到你，你就不必做任何违背你自己意愿的事，没有人能够伤害到你。你不会有任何敌人，因为没有什么能够伤害到你。

如果想要达到这种崇高的心境，记住一点，你不必让自己追随他人成功的步伐，不要随波逐流。相反，你必须让有些事情顺其自然，让有些事情适可而止。但是，如果你既想要练就这种心境，又想要承担公共职务，还想要家产万贯，那么，你很有可能成就不了什么财富声名，因为鱼和熊掌不可兼得。对这两者都要强求的话，你肯定会失去淡然的心境，而自由和幸福只有在淡然的心境中才能获得。

那么，你首先要做的是，学会辨别纷繁芜杂的表象，“你不过是一个表象，你并非完全表里如一”。然后要做的是，根据你心中的标准去检验它，其中首要的一条标准就是：这些事情是否取决于我们自己。如果某一件事情根本是你力所不及的，那么就要对此说：“这事与我毫不相干。”

不必羡慕别人得到的尊敬、权势或声誉

如果你不参加任何一场胜败并非由你的能力所决定的比赛，那么你将是不可战胜的。因此，当你看到别人比你更受到尊敬，或很有权势，或拥有良好的声誉时，不要被表象所迷惑，不要认为这个人因此就感到了幸福。因为，既然真正好的东西取决于我们自己，那么你就既不会感到羡慕也不会感到嫉妒。就你自己而言，你既不想做将军，也不想主政一方或统领一方，你想要的只有自由。想要保持自己的自由，只此一条路：对于我们能力之外的事，藐视之。

做自己能做到的事，并把它做到极致

如此，要做什么事情呢？取决于我们自己的事情要做到极致，其他的事情就顺其自然。

知道哪些事取决于自己，哪些事自己无能为力；知道哪些事自己可以做，哪些事自己不可以做；除此之外，别无其他了。我必然会死，但是我也必然要呻吟着死去吗？当我被戴上脚镣的时候，我必然要哀号哭泣吗？当我被流放时，又有什么能够阻止我面带微笑、愉快淡然地去往流放之地呢？“坦白你的密谋吧！”我不会泄露一个字的，因为说还是不说在我自己的掌控之下。“不坦白就把你捆起来！”你说什么呢，伙计？把我捆起来？你能够捆住我的腿，但是即使是众神之王朱庇特本人也不能够改变我的选择。“那我就把你扔进监狱里，然后把你的头砍下来！”我何曾告诉过你，只有我一个人的头是不可砍掉的？

我们要去学习应该被学习的，即把我们从所欲和所厌的桎梏中解脱出来。人必有一死：如果死亡即刻到来，那么我就即刻去死；如果过一会儿才来，那么我就先去吃个饭。当时间到了，我就死了，那又能怎样呢？当死亡来临，就如同一个人归还了原本不属于他自己的东西。

万物都有其归宿，不宜悲伤

对于你觉得有吸引力的、有用的或你喜欢的事物，记得辨别它到底是怎样的事物，从最微不足道的事情做起。比如说，你喜欢一个罐子，你要认清楚，你喜欢的是那只罐子。当这个罐子被打破的时候，它就不再是那只罐子了，因此，你不必为此心烦意乱。再比如说，你亲吻自己的妻子儿女，你要认清楚，他们都是人类的一分子，人不能长生不老，当亲人死去，你也不要过于伤心。

别忘了做每件事的初心

不论你要做什么，提醒你自己，你所作所为的本质到底是什么。比如说，你要去游泳，就要事先想到，游泳时经常会发生的那些状况，有人游泳时会弄得水花四溅，有人在泳池里推推搡搡，有些人会骂骂咧咧，还有人会趁机行窃。如果你一开始就告诉自己，“我来游泳，是为了让自己亲近自然，放松身心”，那么，你就会专注于游泳这件事，你就会游得尽兴而不为别人打扰。做每件事都应该要保持这样的定力。如果在游泳的过程中，发生了妨碍你游泳的事，你就会有所准备，你会告诉自己“噢！算了！我想要的不仅是游泳这个行为，而且还要亲近自然、放松身心。如果我对干扰了我游泳的事耿耿于怀，那就背离我来游泳的初衷了”。

不要为并非你自身的优点而洋洋自得

不要为并非你自身的优点而洋洋自得。如果一匹马洋洋自得地认为，“我是一匹骏马”，对此人们是能够容忍的。但是，当你高兴地说，“我有一匹骏马”，知道你是在为什么感到高兴吗？你其实是在为马的优点感到高兴。那么，到底什么才是你自己的呢？你处理种种表象的方式，才是你自己的。所以说，只有当你依从事情的本性去处理这些表象时，你才有理由感到高兴。因为只有此时，你才是因为你自身的优点而感到高兴。

不要焦虑于并非取决于你的事情

当我看到一个人焦虑不安时，我心里会想，这个人想要的会是什么东西呢？如果他并不想要不取决于他的东西，那么，他为什么会焦虑不安呢？当音乐家一个人演唱的时候，他会毫不紧张，可当他进入剧场演唱时，尽管他有着优美的嗓音和令人赞叹的琴艺，可他就是会表现得有些紧张。这是为什么呢？因为他想要的不仅仅是演唱得好，而且还想获得掌声，而观众的掌声就已经不再是取决于他自己的事情了。

所以说，在一个人拥有技艺的方面，他会表现得自信。随便带一个门外汉到这个音乐家的面前，他可能丝毫不予理会。可是，如果遇到自己不懂且未研习过的事情时，这个音乐家就会变得紧张慌乱起来。这到底是什么意思呢？

其实是说这个音乐家根本不懂观众是什么，或者说不懂观众的掌声是什么。毫无疑问，这个音乐家肯定学过如何弹琴，但何谓观众的掌声、这掌声在生活中起着什么作用，对于音乐家而言，他既不知道，也没学习过。因此，他才会变得紧张慌乱，以致于脸色苍白。

做内心自由的人

真正的自由是心灵的自由

请想一想，我们如何将自由这一概念运用于动物。驯服了的狮子被人们关在笼子里，被饲养着，甚至被带着四处溜达。谁会说这样的狮子是自由的呢？过得越舒服，它就越受奴役，难道不是吗？如果有意识和理性，谁会想成为像这样的狮子一样的动物呢？还有，被人们捉住关在笼子里饲养的鸟儿，为了飞离这鸟笼，它们遭了多少罪呀！有些鸟宁愿饿死，也不愿忍受笼中生活；那些活下来的鸟，也都是勉强活着，艰难地、奄奄一息地活着，一旦发现了出口，马上就会远走高飞。它们所渴望的，是一种肉体的自由，想要自由自在、不受约束地生活。

你认为自由是伟大、高贵和宝贵的吗？怎么会不呢！那么，一个心灵怯懦的人有可能得到这么伟大、高贵和宝贵的东西吗？绝无可能。

因此，当你看到有人对别人屈从且阿谀逢迎，违背了他自己的良心，可以肯定地说他是不自由的；不仅为了混口饭吃而那样做的人是不自由的，甚至为了做执政官或领事而那样做的人也是不自由的。我们称那些为了蝇头小利而那样做的人是小奴隶，其他那些人则可以名副其实地称之为大奴隶。

那么，是什么使得一个人自由且独立呢？财富、执政官、行省长官甚或是王位都不能使一个人自由且独立，自由的要素必须从其他事物中发现。什么使得一个人在写作中无拘无束、自由发挥呢？是写作的知识。什么使得一个人在音乐中如鱼得水呢？是音乐的知识。因此，同样地，在生活中要想无拘无束，就需要生活的知识。你已经知道关于它的一般原则了，还要想想它的具体运用。如果一个人想要得到的东西是取决于别人的，那么这个人有可能摆脱束缚吗？不能。他能摆脱阻碍吗？不能。因此，他也不可能自由。

有人会问："那么，你自由了吗？"以神之名，我希望并祈祷我是自由的。但是我还不能够直面我的主人。我仍然在乎我的肉体，并十分努力地去保持它的健全，尽管它并不完整。但是我可以告诉你谁是自由的，这样你就不用再四处寻找榜样了。第欧根尼是自由的。他如何是自由的呢？并非是因为他有着自由身的父母，他的父母亲并不自由；而是因为他自己，因为他摆脱了一切奴役枷锁，没有任何方式可以拘束他，没有任何地方能够拘禁并奴役他。一切东西对于他都若有似无，一切东西都被悬置。如果你拿走他的财产，他会放手，且不会为此跟着你；如果你抓住他的腿，那就随便吧；如果你抓住他的身体，那就随便吧；亲人、朋友、国家，无不如此。因为，他明白他是从何处得到这些的，明白他是从谁那里、在什么条件下接受这一切的。但是，他绝不会抛弃他真正的父母，以及他真正的“祖国”。对此，没有人能够比他更加顺从和服从，没有人能够比他更愉快地为他的“祖国”献身。

你不会认为我只是给你举了一个毫无牵挂的人的例子吧，这个人没有让他顺从、逼他改变的妻子儿女，没有祖国，没有朋友，没有亲戚。那就以苏格拉底为例吧，想一想苏格拉底，他有妻子儿女，但是他不把他们视为自己的所有物；他有祖国、朋友和亲人，但是他只将其放在合适的位置，以恰当的方式对待。所有的这一切他都诉诸法则，并服从法则。因此，该去战斗时，他就第一个冲出去战斗，毫无保留地现身于危险之中。但是，当三十僭主差遣他去抓捕莱奥时，他认为这件事是卑鄙无耻的，就对此置之不顾，尽管他知道他有可能会为此送命。对他而言，什么是重要的呢？他想维护的不是他的肉体，而是其他东西，那就是他的忠诚和尊严，他绝不服软或屈从的自由。

自由意志是最高的能力

是什么能力使得眼睛睁开与闭上，把眼睛从不再关注的事物上移开，并转移到要关注的其他事物上去呢？是视觉的能力吗？并不是的，而是自由意志。人们是由于什么能力变得有求知欲、喜欢刨根问底，而且还不为流言所动呢？是听觉的能力吗？并不是的，而是自由意志。

睁开的眼睛除能看之外还能干什么？眼睛

是否应该看别人的妻子，它又该如何看，是什么能力告诉它的呢？是自由意志。一个人是应该相信别人告诉他的事情，还是不应该相信呢，进一步问，如果他相信了，他是应该为之所动，还是不应该为之所动呢，这又是什么能力告诉他的呢？难道不就是自由意志吗？

自由意志是如此一种伟大的能力，它凌驾于任何其他事物之上。

那一个人应该轻视他的其他能力吗？完全不是的。除了自由意志，一个人的其他能力就没有用处和优点了吗？远远不是的。这样认为是不理智的，不应该这样去认为。一个人要做的是，把每个东西的真正价值都发挥出来。

我们也必须要照料好我们的眼睛，并不是把它当作最高的事物来照料，而是要为了那最高的事物去照料它。这是因为，最高的事物只有在合理地使用眼睛去看这类事物而不是另一类事物时，它才能达至其自然的完美。

善和恶在人的选择能力中

“难道我不该以怨报怨吗？”请先想一想什么是损害，再回想一下你所听过的哲学家的话。如果“善”存在于人的选择能力之中，那么同样，“恶”也存在于人的选择能力之中。

请注意你是不是要这样说了：“好吧，既然某人待我不公，他就损害了自己的公正；那么，我去待他不公，是不是也就损害了我自己的公正？”这样把事情清晰地提出来，何乐而不为呢？何苦反其道而行之，一旦我们的肉体或财产因遭受侵害而损失了，我们就称之为“损害”。难道当我们损失了自己的选择能力的时候，就没有损害了吗？

思考形式之外的目的

请时时刻刻记住，只有一种方法能获得安宁，那就是不要去想获得选择能力之外的东西，而要把所有东西都看作是身外之物。你要追求属于自己的东西，那就是自由。不管你是阅读、写作，还是听讲，都是为了获得自由。不过，如果我仅仅是看到一个人在阅读和写作，即使他熬了个通宵，我也不能肯定地说他是勤勉的，因为我不了解他阅读和写作的目的。

没有什么能干扰你自由选择的权利

疾病使你的身体不便，但是它并不能干扰你选择的能力，除非你自己愿意；一瘸一拐使你的腿脚不便，但是也不能妨碍你选择的能力。无论什么样的事情发生在你的身上，把这个道理告诉自己，你会发现，这些事情可能会妨碍到其他，但是并不能妨碍到你的自由意志。

做人要高贵

不要主导他人的原则

美好和高贵的人不会与人争斗，也会尽力阻止别人争斗，苏格拉底就是一个很好的例子。无论在任何场合，苏格拉底都避免与他人争斗，也尽力劝阻别人争斗。在《会饮篇》中可以看到，苏格拉底劝解了诸多的争吵。他如何耐心地忍受色拉叙马霍斯、波鲁斯和凯里克鲁斯，如何忍受自己的妻子，如何忍受与自己诡辩争论的儿子。苏格拉底坚信一点：对于一个人而言，他是无法去主导别人的原则的。

保持自己的初心

如果你热衷于哲学，那就做好被嘲笑的准备。大众会嘲笑你，有人会说“瞧，他又来了，我们之中突然就冒出了一个哲学家呢”，还有人会说“他凭什么那么高傲？”但是，请你不要有高傲的神色，你要带着深深的使命感，就如同上天派你到此处一样，只需谨遵那些你认为的至善即可。并且请记住，如果你能保持初心，抗住这些嘲笑，那么最初嘲笑你的那些人到后面也会钦佩你的。但是如果你没有抗住，人们对你的嘲笑就会更甚。

不要忧虑自己不能决定的事

如果一个人想变得美好且高贵，那么首先必须在三个研究领域中进行历练。第一个领域是关于所欲和所不欲的，这可以使他不会得不到他所欲求的，也不会陷入他所不欲的。第二个领域是关于选择和拒绝的，以及与责任相关的事情，这可以使他做事有条不紊，有理有据，且不会疏忽大意。第三个领域是关于避免错误和草率判断的，一般而言，这与对意见的赞同与否有关。

对于美好和高贵的人而言，不得不关注的问题是他自身的主导原则。医生和按摩师处理的对象是身体，农民处理的对象是田地；而美好和高贵的人在处理他所面对的现象时，会遵照自然规律，与自然保持一致。

一个人应该用心中的这一原则历练自己。早晨起来出了房间，不管看到或听到什么，都要审视它，然后要自问自答：你看到了什么？一个俊朗的男人还是一个雅致的女人？请运用你的原则。这是在选择的能力之外还是之内的？之外的，那就不管它；你看到了什么？一个人正为孩子的死而哀泣。请运用你的原则。死亡是选择的能力之外的事情。那就不理睬它……

如果我们不断地这样去做，从早到晚，在心中以这一道德原则来历练我们自己，总会有所成就的。

灵魂就像是一碗水，外部表象就像是那落在水面上的光线；当水面动荡起来时，光线看起来仿佛也动荡了起来，但事实上光线是没有动的。

人的悲伤是因自己的缘故

哲学家与平常的俗人的首要区别在于：俗人说，“我为我的儿女、兄弟、父母而悲伤”；哲学家则不会这样说，如果必须得说，他会说“我悲伤”，稍后会接着说，“我因我自身的缘故而悲伤”。

所有的伤害和利益都来自于自身

俗人从没想过他所得到的利益或受到的伤害来自于自身，而是认为这些都来自于外部，这就是俗人思考问题的特点和成为俗人的条件。哲学家认为所有的伤害和利益都来自于自身，这就是哲学家思考问题的特点和成为哲学家的条件。

一个人修为进步的标志是：不责备任何人，不赞扬任何人，不归咎于任何人，不以拥有某物或知道某事来标榜自己。当他在某件事上遭受挫折或阻碍时，他会寻求自己的原因。有人赞扬他，他就朝着那个赞扬他的人自嘲一笑。有人责备他，他也不做辩解。他总是谨慎行事，像一个病弱的人，小心翼翼地挪动，以防没有愈合的伤口再次裂开。他清心寡欲，只厌恶一种事情，那就是取决于我们自己却违背了自然的事情。他削弱了自己对一切事物的冲动。如果别人觉得他迂腐愚昧，他并不在乎。总而言之，他只把自己当作是一个蛰伏等待的敌人，并且时刻防备着自己。

取决于自己的事情，才是最具价值的事情

不要受制于以下这种思想，“无论走到哪里，我都是一个无名小卒，我活得没有人尊重”。所谓对你的尊重，都是来自于他人的，如果不被他人尊重是件坏事情的话，那么被别人羞辱岂不是坏到极致了？是否获得公职或被邀请参加宴会并不取决于你，难道不是吗？确实如此。那么，不被尊重这件事取决于你吗？如果你只需在取决于你的事物上有所成就，那么你又怎么能不名一文、一无是处呢？只有取决于你自己的事情，对你而言才是最具价值的事情，难道不是吗？“可是如此的话，我的朋友就会得不到我的帮助呀。”

那么，你说得不到你的帮助，到底是什么意思呢？好吧，他们不能从你这里得到一点儿钱，你也不能使他们成为罗马公民。不过，是谁告诉你这些事情是由你决定的，而非其他人决定的呢？谁能够给予别人自己没有的东西呢？“那挣钱啊，”有些人会说，“这样我们就有钱了呀。”如果我挣钱的时候，还能够保持自尊、值得信赖和高尚的心态，那么请告诉我这样的挣钱方法，我这就去挣钱。但是，如果你要求我失去属于我自己的好东西，从而换取你想要的不好的东西，你自己看看你这样做公平吗？明智吗？钱？一个有自尊和值得信赖的朋友？这二者，你更想要哪个呢？那么，与其指望我去做会使我丧失这些品质的事，不如成全我成为有自尊和值得信赖的人。

“但是我的国家，”有些人会说，“就我所能做到的而言，也就不会显得我没用啊！”再说一遍，这是什么样的“用处”呢？通过你的努力，这个国家并不会有门廊，也不会有浴室。这意味着什么？没有鞋子不怨铁匠，没有武器也不怨鞋匠。每个人只要能各司其职，各尽其责，这就够了。所以说，对于国家而言，你将自己打造成为一个值得信赖和有自尊的公民，难道这对国家没有用吗？因此，你对国家绝不是没有用的。“那么，我在这个国家中会拥有什么地位呢？”这人会继续问。无论你拥有什么地位，你都要保持值得信赖和有自尊的品质。但是，如果你渴望对国家效力，并为此丢掉了这些品质，如果你变得不知羞耻且不值得信赖了，那么，你对这个国家还能有什么样的用处呢？

要得到不属于我们自己的东西，就要付出代价

在宴会上，或者在欢迎仪式上，或者在建言献策时，别人比你更受欢迎，你遇到过这种情况吗？如果这是好事，那么你应该为得到此殊荣的那些人感到高兴。如果这是坏事，也不必为你没有得到如此待遇而郁闷。并且请记住，对于那些不属于我们自己的东西，如果你没有付出同样的代价，就不要要求得到同等的份额。你不在某个大人物的门前徘徊逗留，但是有人在；你不去大人物那里鞍前马后，但是有人去；你不对大人物说溜须拍马的话，但是有人说。你怎么能要求大人物对待你，如同对待那些对他前呼后拥的人一样呢？如果你没有付出他们所付出的代价，你还想无偿地得到这样的对待，那么，你就无公正可言，并且是很贪心的。

想一想这个道理：莴苣卖多少钱呢？比如说半便士吧，如果有人付了半便士拿走了莴苣，而你没有付钱也没有得到莴苣，不要觉得你混得比他差。因为，他有用钱买来的莴苣，你有你没花出去的钱。道理都是一样的。你没有被邀请参加别人的宴会吗？你也没有付给宴会主人这顿饭的代价呀。宴会主人宴请别人是为了得到赞赏，是为了得到关注。如果参加宴会对你有利，那么你就应该有所付出，让别人平衡。如果你不想付出代价就想得到回报，那么，你不是挺贪婪又愚蠢的吗？话说回来，你就没有什么东西比得上这顿饭了吗？肯定有的呀。那就是，你不必心不甘情不愿地去拍别人的马屁；那就是，你也不必与他的那些门客虚与委蛇。

老年人更喜欢加入年轻人的活动，而非相反

是不是只有我们哲学家才会遇事漫不经心、昏昏沉沉呢？并不是的，其实是你们年轻人更容易这样。你看，我们老年人看到你们年轻人搞娱乐活动的时候，就渴望能够融入你们一道娱乐。不仅如此，如果我看到有年轻人头脑很清醒，并且希望加入我们一起搞研究的话，我会更加希望自己加入他们当中去，共享他们严肃认真的追求。

在你的行为中去审视自己

“美德及所有分有美德的事物是好的，邪恶及所有分有邪恶的事物是坏的。那些落在这两者之间的，即财富、健康、生命、死亡、快乐、痛苦，则是不好也不坏的。”“你是从哪里知道这些的？”“曼涅托在《埃及史》中就是如此说的。”不论这是你自己说的，还是第欧根尼说的，还是克律西普说的，抑或是克里安狄斯说的，又有什么区别呢？你自己是否检验过其中的任何一个论点吗？你在这些论点上有自己的判断吗？让我看看当你在一艘风雨飘摇的船上时，你会有怎样的表现。当风帆断裂之时，你还记得这些善与恶之间的逻辑区分吗？

在你的行为中去审视自己，然后你就会发现自己到底是属于哪类哲学家了。你会发现你们中的大多数属于伊壁鸠鲁派，还有一些是逍遥派的，且都没骨气。至于说到斯多葛主义者，请指出来一个给我看，如果你能够的话！他在哪儿呢，他又有什么样的表现呢？你指不出来。你所能指给我看的，不过是诸多能复述斯多葛派的辩论的人罢了，而这些辩论其实是微不足道的。因为，同样是这一批人，不是也能丝毫不差地讲述伊壁鸠鲁派那些微不足道的论证吗？不是也能丝毫不差地复述逍遥派那些微不足道的辩论吗？那么，到底谁是斯多葛主义者呢？

你给我指出一个虽然疾病缠身却依然幸福，虽然身处险境却依然幸福，虽然即将赴死却依然幸福，虽然被流放边远却依然幸福，虽然声名扫地却依然幸福的人来。请把这样的一个人指给我看！向诸神发誓，我会为看到一个斯多葛主义者而欣喜的！

孤独的本质

孤独的本质是无助

孤独就是当一个人处于无助时的状态。一个人不会仅仅因为独处就孤独，这就像一个人不会因为身处人群中就必然不孤独一样。尽管我们常待在罗马，总会在街上遇到大群的人，且与诸多的人同处一个屋檐下，有时甚至还有大批的奴隶，但当失去一个兄弟时，失去一个儿子时，失去一个睡过一张床铺的朋友时，无论如何，我们可以说自己被抛下成孤独之人了。根据这个概念的实质，“孤独的人”就是指无助的人，他暴露在了想伤害他的人的面前。所以说，当我们旅行之时，特别是在旅途中遇到强盗的时候，我们说自己是孤独的。

与自己的内心交谈

在悲剧合唱队里，有些好歌手不能单独演唱，但与众声一起能表演得十分完美，同样地，有些人也不能单独去旅行。如果你与普通大众有所不同的话，那你就出去独自走走，与自己的内心交谈下，而不要将自己隐匿于普罗大众之中。有时候你应该“尝尝”别人的嘲笑，从而省视自身，使自己警醒，以便认清自己到底是谁。

看到事物的另一面

如果你缺乏耐心、脾气暴躁，当你独自一个人时，你称之为孤独；当你和众人在一起时，你又认为其中充满阴谋诡计。你甚至对父母、孩子、兄弟和邻居都吹毛求疵。然而，当你一人独处之时，你本应该称之为安宁自由，优游自得如神仙一般；当你与众人共处之时，你不应该将其看作是乌合之众，或者喧闹得惹人心烦，你本应该称之为一场盛宴，有着节日的热闹。如此一来，你对所有的事物就都能够满意地接受。

哲学的用处

哲学的任务在于建立审查的标准

哲学的起源就在于，辨别人们之间意见上的冲突，探寻这些冲突的原因，批判那些纯粹的意见之说，并对意见保持怀疑，通过研究再决定其持有的意见是否正确，同时还要创设一种判断标准，就像为了衡量轻重发明了天平、衡量曲直发明了规矩一样。

如果我们拥有准备好的可以检验事物的标准，那么事物就能被判断和权衡。哲学的任务就是：审查和建立标准。至于这些标准如何普及以及如何使用，则是美好而高贵的那些人的任务了。

懂得推理是为了让你不犯错

推理的功用是什么？肯定真命题，拒绝假命题，悬置有疑问的判断。那么，只学这个是不是就足够了呢？有人认为够了。然而，对于一个不想在花钱上犯错误的人而言，只知道接受真币和拒绝伪币就够了吗？那是不够的。那还必须增加点儿什么呢？还需要有区分和鉴别真伪币的能力。因此，在进行推理的时候，只有词语难道就够了吗？是不够的。还应该有检验和辨别何为真、何为假、何为不确定的能力。

那除此之外，在推理方面还有什么建议吗？那就是接受从正确的前提中推导出来的结论。是不是只需要知道某个特殊的结论是真的就够了呢？还是不够的。还必须懂得一个事物如何会成为其他事物的结果，以及一个事物如何会有时源于一个事物（一个原因），有时则会源于多个事物的结合（多个原因）。

你并不等同于你所拥有的

这些推论是无效的，比如“我比你富有，因此我更好”，或者“我比你口才好，因此我更好”。有效的推论是“我比你富有，因此我的财产比你更多”，或者“我比你口才好，因此我的发言比你更有说服力”。你既不等同于你的财产，也不等同于你的口才。

不要让灵魂陷入麻木

如果一个人对显而易见的真理都拒绝接受的话，那么，反驳他时我们就很难找到一种改变其观点的论证。这既不是因为这个人太有才能，也不是因为我们太无能。而是因为，当一个人陷入某种论证而不可自拔，僵化如一块石像之时，我们怎么可能再通过论证的方式来说服他呢?

在辩论的过程中，当一个人既不打算同意显然的真理，也不打算远离论战时，他会表现出两个方面的僵化，一个是理智上的僵化，一个是羞耻感上的僵化。大多数人都会害怕肉体丧失活力，于是就会使用各种办法以使自己免于陷入这种境地。但是，对于灵魂的麻木，我们显得麻木不仁。

你要遵守的并不是所有的决定，而是正确的决定

有这样一个警句：人应该坚定不移，选择能力本质上就是自由的和不被强制的；而除此之外的事情都是易被影响和强迫的，这样的事情本质上都受制于人，并非取决于我们自己。有些人一听到这个就理所当然地认为，只要他们形成了一个判断，就要坚定不移地坚持去照做。然而坚定不移地坚持自己的判断是有前提的，那就是这个判断得是理智健全的、合乎情理的判断。

比如，我的一个朋友无缘无故地突然下定决心要绝食到死。在他绝食到第三天的时候，我知道了这个事，于是就去问他怎么了。“我已经决定了。”他回答。“很好，但是你得告诉我是什么促使你下这样的决心呢？如果你的判断是正确的，我们都会支持你，也会准备帮你离开这个人世。但如果你的判断不合理，那就要改变它呀。”“我必须遵守自己的决定。”“说什么呢，兄弟，你要遵守什么？你要遵守的不是你所有的决定，而是那些正确的决定。”

“如果你打了一个腐坏的和破烂的地基，在这种地基上面你哪怕连一座再小的建筑也建不起来。并且，在这样的地基上，你建造的上层部分越宏大，这建筑倒塌得也就越快。”“假如你在某个时候作出了要杀我的判断，难道你非得遵守你的决定把我杀掉吗？”

说服这样的人是很难的。然而，还有一些人根本就不可能被说服。有句谚语我原先不懂得，但我觉得我现在终于懂得了这句话，这谚语说："一个蠢货是既不能被说服，也不能被制服的。"但愿我永远不会和一个自以为聪明的蠢货做朋友。没有比这更难处理的事情了。

在与他人辩论时不要带入情绪

在懂得如何使用辩论之前，一个人应该学些什么，对此我们学派的哲学家早已做好了规定。然而对于如何恰当使用我们所学到的东西，我们还没什么经验。

苏格拉底是怎么做的呢？他经常使和他辩论的人成为印证他观点的人，他从来不需要另外的人来印证其观点，所以他能够说："我并不需要其他的人来印证我的观点，我总是能够满足于让和我辩论的人最终去印证我的观点。"因此，他还说："我不关心别的人的意见，我只关心和我辩论的人的意见。"苏格拉底总能够将从概念中得出来的结论阐释得如此清楚，以至于所有人都能透彻地认识到其中蕴含的矛盾，从而最终放弃争论。

在辩论中从不激动，这是苏格拉底最为人知和最具特点的品性，他从不说脏话或傲慢之语，他总是忍受着别人的辱骂，并终止争端。

不要把自己变成能力的附属品

一般说来，对于没有受过教育和软弱的人而言，每获得一种能力对他们来说都是有风险的，因为这些能力更容易让他们变得高傲自大、夸夸其谈。不要把自己变成这些能力的附属品，而要把这些能力变成自己的附属品。如何才能让一个能力比别人更强的年轻人认识到这个道理呢？如果去责难这个年轻人，并警告他已经误入歧途的话，他会将这些个道理视若敝屣，并在你面前神情倨傲、趾高气扬、大模大样地走过去，对你这种劝诫的方式毫无顺从之意，难道不是吗？

知晓命定

只欲事物如其所是，这就是教育的作用。那如其所是是什么呢？就是遵照命运的样子。命运已经命定了冬夏、多寡、善恶，以及诸如此类相反相成事物的存在，这为的是整体的和谐共生。此外，他还赋予了我们每个人的躯干和四肢以及财产和伴侣。

要知道这种命定，我们就得接受教育。接

受教育并不是为了改变事物的结构，因为我们并没有这种天赋能力，而且改变事物的结构也并不会使其因此变得更好，而是为了在看清事物的面目和本真之后，能够让我们自己的意志和所发生的事情和谐一致。

没有人会希望自己犯错

每一个错误都包含着一个矛盾。犯错的人也并不希望犯错，而是希望他自己是正确的，显然，犯错的人并不在做他希望自己做的事情。一个盗贼希望达到的目标是什么呢？满足他自身的利益。因此，如果偷盗违背盗贼的利益的话，在偷盗的盗贼看来就不是在做他所希望的事。既然每个具有理性的人都是反对自相矛盾的，那么，只要一个人不知道自己陷入了矛盾，那就没有什么能够阻止他去做矛盾的事情。但是，当他开始认识到这个矛盾时，他必定会放弃此事以避免矛盾。这就如同，当一个人认识到某事是错误的时候，他就会自动地迫使自己放弃这错误的事情。但是，只要错误没有向他显示出来，他就会把这错误当成真理，并赞同之。

每个人自己的生活就是他自己生活技艺的材料

有人向爱比克泰德请教："如何才能说服我的兄弟不再生我的气呢？"

爱比克泰德回答说："哲学并不承诺任何人能够帮他获得任何外在财物。否则，哲学就将不得不负担起超出其范围的事情。就如同木头是木匠的材料，青铜是雕刻家的材料，每个人自己的生活就是他自己生活技艺[①]的材料。"

"可我如何才能够使我的兄弟不再生我的气呢？"

"把他带到我这儿来吧，我会告诉他。但是关于'他'的愤怒问题，我对'你'无可奉告。"

学，而后有所成

对于一个没有任何经验的门外汉来说，关于任何技艺方法的讲授都是索然无味的。

举个例子来说，旁观一个鞋匠学习制鞋手艺的过程，确实说不上愉快。可是，鞋子是有用处的，而看看鞋这件事也挺让人愉快的。对于凑巧旁观的门外汉来说，传授手艺给木匠的

① 古希腊哲学中的重要概念，其含义丰富，可理解为技巧、艺术、技术等，通常是指一种需要通过实践和训练获得的经验或知识。斯多葛学派创始人芝诺将其定义为"为了生活中的某个有益目标，通过实践而形成的系统性的认知集合"。

过程是索然无味的，但是木匠制造出来的产品显示了其手艺的用途。你也会发现对于音乐而言，尤其如此，假如你旁观别人上音乐课，教学过程会让你觉得这事情相比于其他事情而言尤其令人不悦，但是，即使对于门外汉来说，听到音乐，也会觉得悦耳动听。

那么，我们知道了，木匠是通过先学习某些事情而后才能成为木匠，舵手也是通过先学习某种事情而后才能成为舵手。对于我们而言，仅仅想要成为一个美好而高尚的人是不够的，而是必须要先学习某些事情才能做到，难道不是吗？

别人的推荐并不能决定你自身的好坏

有一个人想从第欧根尼那里获得一封推荐信，对此，第欧根尼给出了一个十分精彩的回复。他是这样说的："你是一个人，这一点儿别人一眼就能看出来。至于你是好人还是坏人，如果那个人能够辨别好坏，那么他就会发现你的好或坏。如果那个人不能够辨别好坏，那么不管我写多少封推荐信给他，他也是看不清事情的真相的。"

恰当地使用自然赋予的能力

我们来到这世上，并非天生就具有直角三角形或者半分音阶这种概念，而是通过接受教育，才掌握了这些概念的意义。正因为如此，那些不懂这些的也就不会自诩自己懂得这些。然而，另外一方面，我们来到这世上，有谁天生不知道善与恶，崇高与卑鄙，合适与否，幸与不幸，以及该与不该呢？因为我们全都在使用这些概念啊，并且还按照我们对这些概念的把握将其运用到各种事例上去，比如我们说“他做得好；他应该这样做，他不应该这样做；他很不幸，他很幸运；他挺邪恶，他挺正直”。我们又有谁能够不这么去说话？又有谁会像直到懂得了线条和声音后，才去使用直角三角形或者半分音阶这种概念一样，直到懂得了这些好坏之类的词后才去使用它们？原因在于，当我们来到这世上时，自然就已经在这些事情上赋予了我们一定的教育，同时这些事物的本身也是自然赋予我们的。我们从此处出发，以后又增添了我们自己的意见。

人们从都认同的原则出发，但是他们在使用这些原则时并不恰如其分，结果就陷入了纷争。如果人们能够在拥有共同认同的原则之外，还真正地拥有恰当使用它们的能力，那就没有什么能够阻碍他们成就完美了，不是吗？

打消自认为有知的判断

一个人要实践哲学，那么他首先要做的是什么呢？是打消他自认为有知的这种判断。这是因为不可能让一个人去学习他认为他已经知道的东西。然而，当我们去请教哲学家的时候，我们喋喋不休地聊着什么是应该的，什么是不应该的，什么是善，什么是恶，什么是正义的，什么是不正义的；并且还以此进行了称赞和指责，批评和申斥，评判正义和不正义之事，并辨别这些事情。那么，我们请教哲学家的目的又是什么呢？为了学习我们自认为无知的东西。那这是什么东西呢？是普遍的原则。

普罗大众和那位叫塞奥彭普[①]的演说家对柏拉图有着同样的误解，他曾批评柏拉图试图定义每个概念的努力。他是怎么批评的呢？他

① 塞奥彭普：公元前378—公元前320年，古希腊历史学家，主要作品是《希腊史》（*Hellenika*）和《腓力王传》（*History of King Philip*）。

说：“我们之中就没有人在你定义之前用过‘善’或‘正义’这些词语吗？或者说，难道我们就不理解这些概念的含义吗，我们只是在发出一些模糊而没有意义的声音吗？”可是，塞奥彭普，是谁告诉你我们对这些概念没有任何自然的理解呢，也就是说对它们没有一个预先的领会呢？但是，在没有把预先的理解进行系统化，以及在没有提出下述问题之前，我们并不能够将预先的理解恰当地运用于相对应的事实上去。这个问题就是：什么样的一个具体事实，才应该被归入那一类“预先的理解”？

比如，你能不能这么对医生说呢，“在希波克拉底之前，谁没有使用过‘健康的’和‘生病的’的概念呢？难道说我们说出这些概念的时候，仅仅是发出了空洞无意义的噪音吗？”我们当然对“健康的”这类概念有一定的预先的理解，但是我们并不能恰当地应用这些概念。

同样地，这种情况也存在于人生诸事中。谁不是天天嘴边挂着“好”与“坏”，“有利”与“不利”这些词语呢？因为，我们都对这些概念有一个预先的理解。但是这种预先的理解被放进了一个体系中了吗？我们对它的理解是完整的吗？如果是，那就需要证明确实如此。怎么证明呢？就是把预先的理解恰当地运用到具体的事例当中去。比如，柏拉图对“定义”预先的理解是认为它“有用”，但你对“定义”预先的理解是认为它“无用”。那么，你们两个都对，这可能吗？怎么可能呢？！有人把“好”的标准运用于财富这样的事物上去，另一些人却并不这样，不是吗？有人把“好”的标准运用于“快乐”上，另一些人却认为其应该运用于“健康”上，不是吗？总而言之，如果把这些词挂在嘴边的人对这些概念具有的不是肤浅的知识，而是不需费工夫就能系统化的预先理解的话，那么人们之间怎么还会有矛盾呢？怎么还会有争论呢？怎么还会有相互谴责呢？

就如同我说过的那样，臆想我们知道什么有用，这种自负在我们学习哲学之前就应该摒弃。就如同在学习几何学和音乐之前，我们应该做的那样。否则，即使我们读完了克律西普斯，安提帕特[①]以及阿基德牧[②]的导言和全集，我们也不会有丝毫长进。

言行一致

哲学的首个也是最必要的方面是实践哲学命题，比如践行“不要说谎”；第二个方面是论证哲学命题，比如论证“必须不要说谎”；第三个方面是关于确证和表达的，比如讨论“什么是实践？什么是后果？什么是矛盾？什么是真？什么是假？”等等。

由此可见，必然是由于第二个方面引起了第三个方面，必然是由于第一个方面引起了第二个方面。其中，最为必要的，也是我们最应该重视的，是第一个方面。但是我们本末倒置了，我们把所有的时间和精力都花在了第三个方面，并努力地推进它，完全忽视了第一个方面。以至于在我们说谎的同时，我们已经准备好去展示如何证明“不要说谎”这个命题。作为学哲

① 安提帕特：斯多葛派的第五代传人，他在与其他哲学流派论辩的过程中，修正了斯多葛派的伦理学，比如接受了卡尼阿德的“自然利益”观，强调运用正确理性选择自然利益的道德价值。

② 阿基德牧：斯多葛派哲学家。

学的人，应该言行一致。

坚守内心的原则

那么，进步在哪里呢？你们中若有人从外部事物中解脱出来，转而关注他自己的选择能力，去练习和完善这种能力，最终使之与自然相适应，那他就是高尚的、自由自在的、不受束缚的、不受阻碍的、诚实的、体面的人。并且，他已经意识到，无论是谁，如果这个人欲求或者回避超出自己能力的事物，这种人就是既不可靠，也不自由的。这种人必然会被外在事物改变，并且随波逐流；这种人必然也会屈从于他人，屈从于那些能够满足他的欲求的人，屈从于那些能够使他从所厌之事中解脱的人。

早上起来之后，如果一个人能够遵守和坚持其内心的原则，比如说：像一个诚实、高尚的人那样自由自在地游泳，顺其自然地吃饭。也就是说，不管他在做什么样的事情，他都能将他的人生原则付诸实践。作为一个赛跑者，就要在赛跑中遵循比赛规则；作为一个公众演讲人，就要在练习发声时遵循发声原则。

能够如此去修炼，这样的人就在进步的轨道上，不会空虚无聊地闲逛。但是，如果一个人专心致志地读书，并且只把精力用在读书上，甚至只将读书作为其前行的目的，那么，我会叫他赶紧回家，并且叫他不要怠慢自己的家庭事务。我之所以会对他如此，那是因为他走的这条路，将一无所得。真正的事情不是死读书，而是要研习如何从人生诸事中解脱出来，诸如悲叹和抱怨、“我真是天可怜见的”和“我算是完蛋了”之类的哀告，以及不幸和失望；还要研习何谓死亡，何谓流放，何谓监禁，何谓毒害。

如此的话，就算被囚禁在监狱中，他也能够像苏格拉底那样说：“我亲爱的克里托，如果这样做让诸神欢喜，那就这么办吧！”而不是去说：“我这个可怜的老年人啊，我已经因此而白发苍苍了！”

我们感谢赐给我们五谷和葡萄树的诸神，并为他们献祭。正是因为有了理解力，人们才能够进一步去揭示幸福的真谛。难道不是吗？

你想做成某件事情，就得形成做某件事的习惯

每一种习惯与能力都会被相应的行为所强化巩固，比如说散步的习惯与能力被散步的行为所强化巩固，跑步的习惯与能力被跑步的行为所强化巩固。如果你想成为优秀的阅读者，那就要去不断地阅读；如果你想成为优秀的写作者，那就要去不断地写作。如果你连续三十天都没有阅读，而是去干了其他事情，那么你就知道会怎么样了。同样的道理，如果你在床上连着躺上十天，然后起床去走一段很远的路，你就会发现你的腿脚已经变得何等虚弱了。总而言之，如果你想做成某件事情，就得形成做某件事的习惯；如果你不想去做某件事情，自己就不要去做这件事，而是让你自己去养成做其他事的习惯。

对于心灵之事，这种规则也是同样适用的。你要明白，当你发怒的时候，不仅这种恶在你的身上呈现，而且你还强化了这种恶的习惯，换句话说，你是在火上浇油。当你在肉体上屈从于某人时，你不要把这当作是仅此一次的失败，而且也要认清这样一个现实，就是你这次的屈从已经助长了你的无节制，你已经巩固强化了你的无节制。这是因为已经发生的相应的行为，一些过去并没有的习惯与能力就此萌生了，而那些过去已有的习惯与能力就此必然会得到巩固强化。

当你渴望得到金钱时，如果你能用理性引导自己认识到这是一种恶，那么这种欲望就会停止，你的人生应有的主导原则也就会恢复其原有权威。但是如果你没有采取补救措施，那么你的主导原则就不会转换回它原有的状态。当这种欲望被相应的外部表象再次唤醒后，你便会更加迅速地燃起欲望之火。然后，如果这种情况反复发生的话，你的心灵就会更加固化和脆弱，这会使你变得更加贪婪。

总有一些印记和伤痕会留在心灵之中，除非能将其完全抹去。当下次有人再触及这些旧伤痕时，他所有的就不仅是伤痕，而是伤口了。因此，如果你不希望自己成为一个易怒的人，那么你就不要助长自己的这种习惯，不要给它滋长的土壤。第一步，请安静下来，细数你多少天没有发怒了。“我过去的每天都发怒，这之后每隔一天发一次怒，而后是每隔两天，再而后是每隔三天。”如果你已经有三十天没有发怒的话，那么恭喜你！你这种习惯先是被削弱，而后已经完全被消除了。

那些训练自己对抗外部表象的人，才是真正在历练自己的人。要顶住，不幸的人！不要被外部表象所迷惑！这是一场伟大的战争，这是一个神圣的使命！你是为了一个自由、安宁和淡定的王国而战！

但是，如果你曾被击败过，你对自己说不久以后就会胜利；然后你又失败了，你又如此这般告诉自己。你要知道，这样的话你终将会落得一个悲惨而又懈怠的境地，以至于不久以后你甚至都不会在乎自己的失败了，你甚至会为自己的失败找借口。到这个时候，你就会发觉赫西俄德[①]说的是对的了，他说：“厄运定会尾随那些懒散度日的人，直到永远！”

---

① 赫西俄德：古希腊诗人，约生活在公元前8世纪，关于其作品有哪些，争议较多，被公认的是长诗《工作与时日》，诗中鼓励人们勤劳工作，朴素生活，反对休闲和不公正。

不要轻易相信表象

看到有人洗澡很快，你不要说他洗得不好，他就是洗得很快；看到有人喝了很多酒，你不要说他喝酒不对，他就是喝得多。如果你不知道别人的行为原则，你凭什么判断别人做错了呢。所以说，不要轻易相信表象，那是很不靠谱的，除非你完全理解别人的行为原则。

不要扭曲人性的本来面目

不要扭曲事物本来的样子

不要去扭曲本来就正当的事物，也不要去费力改造它。让男人做男人，女人做女人。美丽的人就美吧，只要是作为人；丑陋的人就丑吧，只要是作为人。你既不是肉体，也不是毛发，而是选择的能力。如果你让你的选择的能力变美了，那么，你就是美的。苏格拉底说："使你的选择的能力变得美好，且根除你那些无意义的意见。"

不要怠慢所有属于我们自己的事物

即使仅仅是履行一个做人的职责，也并非易事。人是什么呢？有人说，人是有理性、有道德的动物。首先，有理性可以将我们与什么动物区分开呢？野兽。还有吗？绵羊，以及诸如此类的动物。请你注意，永远不要让自己形同野兽。如果你真的那样去做，内在于你的人就会被你毁灭。也请你注意，永远不要让自己行如绵羊。如果你真的那样去做，内在于你的人也会被你毁灭。那么，什么时候我们会行如绵羊呢？在为了口腹之欲而行动的时候，在为了性欲而行动的时候，在没有经过考虑就采取行动而举止轻率、行为丑陋的时候，我们就堕落到了羊的水平。而我们在做事时表现出好斗、凶残、愤怒和暴虐的时候，我们就堕落到了野兽的水平。那被毁灭的是什么？是理性。

只有你知道你自己，只有你知道你给自己定价几何，也只有你知道你会以多大的代价出售自己。因为，不同的人以不同的价格出售自己。

伙计，你只管想想，你以什么样的价格出售了自己的意志和选择。如果没有什么理由，请不要为了一点小事就出卖它。伟大和卓越确实可能只属于其他人，比如说苏格拉底那样的人。然而，人们生来都有类似的本性，为何不是所有人或者大多数人都能够成为苏格拉底那样的人呢？

为什么呢？所有的马都跑得快吗？所有的狗都嗅觉敏锐吗？那么，我该怎么办？因为我不是天赋异禀，就该怠慢自身吗？天哪，不要这样！爱比克泰德比不上苏格拉底，可只要不比他差劲，那对我而言就足够了。我不会成为米罗，但我也不会怠慢自己的身材；我不会成为克罗伊萨斯，但我也不会怠慢自己的财产。总而言之，不要怠慢所有属于我们自己的事物，即使无法达到最完美的状态。

认清交换事物的价值

请时刻谨记：当你丢掉身外之物时，你以什么东西取而代之了？如果替代之物更有价值，那就无论如何不要说："我丢东西了。"无论是用头驴换来了匹马，用只羊换来了头牛，用点儿钱换来了件好事，用扯淡换来了安静，还是用出言不逊换来了谦谦有礼。如果时刻记着这些，你就能保持你的人品是有德行的。

别人如何对待你，取决于你如何对待别人

如果我们将与生俱来的忠贞抛弃掉，成天盘算着打邻居妻子的主意，那么，我们到底在干什么呢？难道这不就是堕落和毁灭吗？那么，堕落和毁灭的是谁呢？是忠贞之人，自尊之人，或虔诚之人。仅此而已吗？这样的人同时也在破坏着邻里之情、友谊甚至是国家，难道不是吗？

马蜂抱怨人们不关注它们，纷纷对其避而远之，如果可以的话，甚至还要拍打它们，把它们打倒在地上。类似的，如果你也有一根马蜂那样的刺，不管你刺的是谁，你都会使他陷入麻烦和痛苦。对于这样的人，还能让人怎么对待你呢？你在这个群体中就已经无立足之地了。

拥有学问而去犯错，不过是一只高级的动物

“可我是一个学者呢，而且我还懂阿基德牧。”好吧，你懂阿基德牧，却与别人通奸，不忠不信，如同一只狼或者猿猴，却不是一个真正的人。

做自己的主人

停止对外部事物的崇拜

我以众神的名义命令你，停止对外部事物的崇拜。首先，停止把自己变成物的奴隶；其次，不要因为对物的崇拜，而成为那些能给你物、也能拿走你的物的人的奴隶。

人的软肋最终会伤害自己

如果我贪恋我那卑微的肉体，那就说明我放弃了我自己，把自己当成了奴隶；同样，如果我贪恋我那微不足道的财产，那就说明我放弃了我自己，把自己当成了奴隶。如此的话，那就相当于暴露了自己的软肋，而这只会伤害到自己。这就像蛇会缩回它的头，我告诉你："就打它想防着的那一点。"所以说，你要相信，你的主人会攻击你特别想护着的那一点。如果你谨记这些，你还会需要奉承谁，或者害怕谁吗?

在关系到善恶时，人们往往不愿承认其错误

人们对于其自身的有些错误是乐于承认的，但对另一些错误并不乐于承认。没有人会承认自己是愚昧或没脑子的。然而，你会听到许多人这样说："我真希望我的好运能与我的见识一样多。"人们也乐于承认自己胆小，然后他会说："我承认，我是有点儿胆小，但是你会发现我并不傻。"一个人不会乐于承认自己缺乏自制力，也根本不会承认自己不公道，也从不会承认自己善妒以及爱管闲事；但是大部分人都会认为自己富有同情心。这是什么原因呢？主要原因在于：在关系到善恶时，人们的思维会混乱不堪，而且不愿意承认其错误；除此以外，不同的人还受到了不同动机的影响。一般而言，人们绝不会承认他们认为有失脸面的事情。比如说，胆小在他们看来是谨慎品性的标识，怜悯也类似，然而愚昧则完全是奴隶才有的品性。此外，人们也绝不会承认自己冒犯过社会。

选择的能力在驱使你的选择

某种所欲和所不欲，只能用另一种所欲和所不欲来对抗，除此之外还能拿什么来对抗呢？有人说："但是，如果有人用死亡来威胁我的话，那么他就一定能驱使我。”“不，并不是你所面对的事情本身在驱使你，而是你对此事的判断在驱使你，你认为对你而言去做那件事比去死更好。也就是说，是你自己的意志所做的决断在驱使你，是选择的能力在驱使你的选择。”

对未知的恐惧让我们寻求占卜

那么，是什么在诱导我们总是去占卜呢？是懦弱，是对未来要发生的事情的恐惧。就是因此，我们去奉承占卜者，去问他们：“大师，我能继承我父亲的财产吗？”“让我算一算。请你就此事献上一份祭品。”“遵命，大师，望命运垂怜我。”然后，如果他说“你将继承财产”时，我们就会十分感谢他，好像是从他那儿获得了遗产一般。

对于我们无法决定的事，所能做的就是好好应对它

当你求助于占卜时，请记住你不知道事情会如何发生，你是去向占卜者请教这件事的。但是，如果你真是一个哲学家的时候，在去占卜之前你已经知道了你要占卜哪类事情。因为，如果这件事不取决于我们自己的话，那它必然也就无好坏可言。所以说，不要带着个人好恶去请教占卜者，也不要带着畏惧去请教占卜者。你要清楚地认识到这一点，所有这类事情的结果都不以你的意志而转移，其结果如何也是与你无关的。无论是哪种事，你能做的是好好应对它，对此无人能阻挡得了。所以，你要带着自信向诸神请教。然后，当你得到某个忠告之后，请记住是谁给了你这个神谕，如此，当你没有遵循神谕的话，你也就知道你漠视了谁。

像苏格拉底那样来对待神谕，也就是说当你去占卜时，意味着你唯一关注的就是事情的结果，并且在这种情况下，你用理性或其他技艺都无法获知事情的结果。因此，当我们有责任分担朋友或国家的危险时，我们不应咨询神谕，问自己是否应该去分担这危险。即便占卜者说预兆是不吉利的，比如说很清楚地显示你会死，或者身体某部位会受伤，或者会被放逐，你也不应该逃避这份责任。因为遵从理性的话，即使在这种情况下，你也应该与你的朋友或国家患难与共。请你注意，正是因为这个原因，伟大的占卜师阿波罗[①]曾把一个在朋友被谋杀时却不帮助他的人从神殿里赶了出去。

人自有神性

毫无疑问的是，你肯定不会在一株植物上寻找“善”的真正本质，不是吗？也不会在没有理性的动物身上去寻找，不是吗？确实是。既然如此，如果你要在理性生物那里寻找“善”的真正本质，那么，你为什么还要在别处寻找呢？对于具有理性的生物而言（比如人类），他们拥有超越非理性的理性部分，你何不在这部分中去寻找呢？

当我们把一个年轻人从学校送到社会上时，为什么我们会担心他做事没轻没重，吃东西不遵从礼节，和妇女交谈没有禁忌，穿着破衣烂衫就自轻自贱，穿着锦绣华服就傲慢自大？因为这个年轻人不知道自己身上的神性，不知道谁伴他同行。

尤其是，神不仅创造了你，而且还把你只

① 阿波罗：宙斯和勒托之子，是古希腊神话中的光明、预言、音乐和医药之神，快乐、聪明、英俊，阳光气质大男神，是许多艺术家在诗画中赞颂的对象，常被说成是太阳神。

托付给了你自己，难道你忘记了这些吗？那你是不是想辱没他对你的信任？如果神把一个孤儿付托给你照看，难道你会无视神的嘱托吗？神已经把你托付给了你自己照看，并且告诉你："没有人比你更合适此事，值得我去信赖了。请你为我将这个人照看好，务必使他遵照自然行事，要谦虚、诚信、高尚、无畏、淡定与平和。"难道你不会按照他说的那样去照看此人吗？

你无需烦恼自己力不能及的事情

请记住，所谓欲望就是需要你去获得自己想要的东西，所谓厌恶就是你陷入自己所讨厌的事情中。欲望得不到满足，我们会感到失望；而被所厌烦之事缠身，我们又会感到倒霉透顶。如果是那些违反了你本性的事情让你感到厌烦，而这些事又属于你能掌控的那种，那么，你肯定不会陷入这种麻烦事中去。但是，如果让你烦恼的是病痛、死亡、贫穷这类事，你确实是会深感不幸，但你无能为力。所以说，你无需烦恼自己力不能及的那些事情，你要从其中解脱出来。你要转移自己的注意力到你能掌控的事情上去，这些事情违背你的本心、让你烦恼，但这些事是在你的掌控之下的。就此看来，人们应该清心寡欲。这是因为，当你没有能力满足自己的欲望时，你必然是失望的；同时，由你掌控的那些事物，也许能满足你的欲望，但是并不会让你成为更好的自己。利用好你所具有的趋避本能，当然，这样做时要有所保留，轻轻松松地去做，不要过于用力。

有什么样的能力处理什么样的事情

关于所有发生在你身上的事，记得要先问对于妥当处理此事，自己有什么样的能力。看到俊男美女时，你就会发现自己的自制力；当困难来临时，你会发现自己的承受力；有人辱骂你时，你会发现自己的忍耐力。如果你习惯了这些，你就不会被事情的表象迷惑住。

“我撒手了”

对于任何事物，都不要说，“我失去了它”；而是要说，“我撒手了”。孩子夭折了？撒手吧。妻子离世了？撒手吧。领土被抢了？还是撒手吧。但是，有人会说“抢走我的领土的人是个坏蛋啊”。将领土赐你的，又将领土归还给你的，那又是什么呢？上天赐予了人们土地和财富，照料好这些，但不要觉得这是你自己的。

土地对于你而言，就像是旅馆对于旅行者一样。

你的心情由你主导

如果你想在智识上有所长进，你就不应该再有以下这类想法，诸如“如果没有钱财，我的生活就无以为继了”“如果我不调教仆人，他就做不好事情”等等。与其在锦衣玉食中闷闷不乐，不如在清贫生活中乐得自在。与其苦恼于调教做不好事情的仆人，不如放手让自己落个轻松快乐。因此，从小事做起，让自己长进。仆人弄撒点油或偷喝点酒，都不要在意，告诉自己，“这是获得安宁的代价，是不受困扰的代价。天下没有免费的午餐，想得到一些东西势必会失去另外一些”。当你吩咐仆人时，要明白一点，他可能并没有听进去你的吩咐，也有可能他确实听进去了，但是他并不想去做你吩咐他的事。你的心情不应该由你的仆人主导，你不必为仆人的所作所为而烦恼。

练习自己力所能及的事

想让你的孩子、妻子和朋友能够长生不老，这样是很愚蠢的。因为你竟想掌控你无法掌控之事，想占有本非你所有之物。想让你的仆人不犯错，同样是很愚蠢的，因为你竟然希望邪恶不成为邪恶，而成为其他的东西[①]。不过，如果你希望自己的欲望不落空，这倒是你可以做到的。既然如此，你就要练习那些在你能力之内的事。主人是这样一种人，他能够掌控想要什么不想要什么，或者说能够决定保留什么舍弃什么。所以说，无论是谁，想要获得自由，就不要去奢求或拒绝那些他不能掌控的、取决于别人的事物。否则的话，就必然会受别人奴役。

遵循你自己的理念去生活

不管你为自己生活中的行为定了下何种规则，你都要遵守这些规则，就如同遵守法律一样。如果你违反了其中的任何一条，你就是对自己规则的亵渎。但请不必在意别人对你的评价，因为那是外在于你的事情。不违背理性，才配得上最好的东西，对此，你拖延多久了呢？你已经知道了你不得不认可的哲学命题，并且也认同这些道理。那么，你还在等什么样的导师呢？你要等到他来了才开始改变自己吗？你不

① 这句话的意思是：仆人不是你自己，他的行为不由你掌控，如果他是品性恶劣的人，你不能指望他品性不恶劣。

再是个小孩子了，你是一个已经长大的成年人。

如果你怠慢懒惰，总是拖了又拖，明日复明日，不去关注自身，那么，你将不会有任何进步，对于生死都浑浑噩噩，终其一生将成为一个俗人。现在，此刻，你就要作为一个成年人那样生活，将你认为最好的东西作为你不能违背的律法，这样你就能在修为上有所长进，才能明白地活着。如果你遇到了任何痛苦、快乐、荣耀或耻辱的事情，请记住，战斗已开始，就如同在奥运会赛场上，你不能再有任何拖延。你的进步是日积月累的，如逆水行舟，不进则退。苏格拉底就是如此变得完美的，不管他遭遇了什么事情，除了理性，他什么都不在意。苏格拉底遵循他自己的哲学理念生活，你不是苏格拉底，但是你应该努力遵循你的哲学理念生活。

专注于自己的内心

只要你把注意力转移到外部事物，想去取悦任何人，那么，你就必然失掉了自己的人生。因此，作为一个哲学家就要自满于一切。如果你想成为哲学家一样的人，你就要坚持自己，专注于自己的内心，并且这是你能做到的。

困扰一个人的是他自己的判断

你的情绪源自你对事情的判断

请记住，侮辱你的不是那个虐待你或殴打你的人，而是你自己对此事的判断，是你觉得自己受到了侮辱。当有人要激怒你时，你要知道激怒你的不是别人，而是你自己的信念。因此，最重要的是，不要被表象所迷惑。遇到有人挑衅你时，你要等一等，缓一缓，然后，你就能更容易地控制自己的反应和情绪。

不要被表象所迷惑

当听到乌鸦不吉利的叫声时，不要被这种表象所迷惑，不要让这种叫声弄得你心烦意乱，而是要立即清醒地告诉自己，“这些迹象并不是预示着我即将到来的不幸的，而是跟我微不足道的肉身，跟我的财产，我的名誉，或我的妻子儿女等身外之物有关的。只要我愿意，所有的预兆都可以看作是祥兆。因为无论发生什么，我都有能力从中获益”。

看清别人悲伤的本质

当你看到有人因骨肉分离或财产损失而悲伤哭泣时，请注意，不要让事情的表象迷惑了你，匆忙地下结论。而是应该要做到心中即刻有数，“让这个人痛苦的并非是所发生的事情本身（因为有些人并不会因此而悲伤哭泣），而是他对这个事情所做的判断”。虽然如此，还是要毫不犹豫地去安慰他，如果他实在是伤心甚至可以陪他一起哭泣。但是请注意，你的内心不必悲切。

人们认为可怕，才是可怕的本意

使人们感到困扰的并不是所发生的事情本身，而是人们对这些事情的评价。比如说，死亡本身并没什么可怕的，否则的话，苏格拉底也会害怕死亡。相反，关于死亡的评价，使人们认定死亡很可怕。人们认为可怕，这才是可怕的本意。所以，当我们固执己见时，闷闷不乐时，黯然神伤时，我们绝不应该责备别人，认为这些都是别人的所作所为导致的。相反，我们应该反省自己，我们之所以这样固执、郁闷、哀伤，不是因为别人做了什么事，而是因为我们自己对这些事做了什么样的判断。处境不顺时，愚昧之人会责怪他人；一般人会责怪自己；

觉悟之人则既不责怪别人，也不责怪自己。

能够限制自身自由的只能是自身

是什么让人们感到慌张和不安？是暴君和他的军队吗？怎么可能？绝对不是的。如果一个事物在本质上是自由的，那它除了它本身，绝不会被任何事物困扰或阻碍。一个人做出的判断却可以让他自己感到不安。

当暴君对某个人说“我要给你的腿戴上镣铐”，如果这个人很看重自己的腿，他会说：“不要啊，饶了我吧。”

而如果这个人所看重的是自己的选择能力的话，他就会说：“如果你觉得这样做对你更有利的话，那就请戴吧。”

“你难道不在乎？”

“没错，我不在乎。”

“我要向你证明，我是你的主人。”

“你怎么会是我的主人？宙斯已经给予了我自由。难道说你真的认为宙斯会让自己的儿子成为奴隶？不过，你倒是我那毫无灵气的肉体的主人，尽管拿去。”

“你的意思是，你亲近我，却并不关注我？”

“没关注。我只关注我自身。不过，如果你希望我说关注你的话，那我会告诉你我也关注你，就像关注我的水壶一样关注你。”

一个人所能丢的东西，只能是他曾经占有过的东西

你问：“难道强盗和通奸者不该杀吗？”

绝对不应该。你不如这样来问：“这样的一个人不该杀吗？——对于最重要的东西，这人总是接连弄错，漏洞百出，且视而不见；确切地说他这样并不是就辨别黑白而言的，而是就辨别善恶而言的。”

如此一来，你就会意识到你做出了一个多么不人道的判断，因为你就好像是在说：“这样的一个盲人或聋人不该杀吗？”①

如果说丧失最重要的东西是对一个人最大的伤害，而一个人最重要的东西莫过于他的正

① 这段话的论证思路是：就像瞎子看不见黑白一样，强盗和通奸者看不见善恶。看不见善恶的人是失去了做出正确选择的能力的人（就像盲人失去了看的能力），能够做出正确的选择是一个人很重要的东西，强盗和通奸者失去了他们自己很重要的东西，对于这样的人，为什么还要生他们的气呢？（正如你不会因为聋哑人看或听不见，而生他们的气）。这个思路和立场，对于爱比克泰德而言是一贯的。按照爱比克泰德的理论，即使强盗和通奸者该判死刑，也不应该是出于人们对他们的愤怒，而是出于正义。

确的选择的能力，那么当他的这个正确的选择的能力被剥夺的时候，你为什么还要生他的气呢？

在我的身上前几天也发生了一件类似的事。我家的神像旁放着一盏铁质油灯，一天我听到窗口那有声响，就赶紧下楼看，可是油灯已经被偷走了。那怎么着？我说，明天你会看到一盏陶质的油灯。其实，一个人所能丢的东西，只能是他曾经占有过的东西。“我的外套丢了。”没错，因为你曾经拥有过那件外套。“我的头有点疼。”但你的角为什么不疼呢？你没有角啊。那你为什么要生气呢？我们丢失的和头疼的，只不过是我们所拥有的东西。

“但是暴君会用锁链锁住……”什么？你的腿。“砍断……”什么？你的脖子。那么，有什么东西是他既不能锁住也不能砍断的？是你的选择的能力。因此，古人才要给我们留下如此训诫：认识你自己。

那么，什么样的人不可被征服呢？一个在其选择能力之外没有什么可惶恐不安的人。

自身所在才是安宁之处

善存在于何处？在自由意志中。恶存在于

何处？也在自由意志中。那非善非恶又存在于何处呢？在自由意志之外的事物之中。

我们羡慕的是什么？外在于我们的事物。我们兢兢业业地忙碌着什么？外在于我们的事物。我们常常会陷入恐惧和焦虑，对此是否感到困惑？当我们认为即将发生的某事是邪恶的时候，还有什么其他事情会发生吗？有，那就是我们只能恐惧和焦虑。然后我们呼号："苍天啊，大地啊，我怎样才能逃脱这恐惧和焦虑呢？"

在这种情况下，他（上天）没有给予你能帮助你的东西吗？他没有给予你忍耐力吗？没有给予你度量吗？没有给予你勇气吗？当你有了这些对你有助益的东西的时候，你还要找别人来给你擦鼻涕吗？然而，我们既没有关注也没有实践过这些美德。

那么，是什么压抑着我们，让我们失去理智的呢？除了我们的判断，还会有其他的吗？当一个人即刻就要舍弃他所习惯的伙伴、地方以及社会地位时，使他感觉不胜困扰的除了他的判断，还能有什么呢？当一个小孩子因为保姆离开而哭泣时，只要给他一块小甜点，他确实会忘记他的苦恼。那么，你想让我们自己像小孩子一样吗？以丘比特的名义，不要！因此，我的主张是，我们不应该受小甜点的影响，而是应该受正确的判断的影响。那什么是正确的判断呢？就是一个人不要致力于并非取决于他自己的事情，不要致力于伙伴、地方乃至社会地位，甚至不要致力于他自己的身体；而是应该谨记自然法，始终要铭记在心，这才是一个人每日要修炼的。

什么是自然法呢？坚守自己的东西，而不要去染指属于别人的东西；利用那被给予的东西，而不要渴求那没被给予的东西；当某个东西被拿走了，要爽快地欣然地放弃它，且心存感激于拥有过的那段时间。如果你不希望自己是哭着要奶喝、要保姆照顾的孩子样，这些就是你所要练习的！

你说，你不是赫拉克勒斯①，你不能清除他人的邪恶。而且，你连提休斯②都不是，提休

① 赫拉克勒斯：宙斯与阿尔克墨涅之子，古希腊神话中最伟大的英雄，大力神。他完成了12项被誉为“不可能完成”的任务，还解救了被缚的普罗米修斯，以及帮助伊阿宋取得了金羊毛。

② 提休斯：雅典传说中的著名人物，相传他统一了雅典所在的阿提卡半岛，并在雅典建立起共和制。

斯清除了阿提卡半岛那一个地方的邪恶，而你连一个地方的邪恶都清除不了。好吧，那你就清除你自身的邪恶吧。就像把普鲁克鲁斯太斯和西隆这两个强盗扔出去一样，从你自己的意识里，把悲伤、恐惧、奢求、嫉妒和幸灾乐祸都扔出去。

如果你对任何其他并非取决于自己的东西有所期望，那么，你就只能依附于比你强大的事物，你就只能在它后面摇尾乞怜。如果你总是在你自身之外寻找安宁，那你就永远得不到安宁。因为，你这是在不存在安宁的地方去寻找安宁，而忽略了安宁之所在。

对抗对死亡的恐惧是获取自由的唯一途径

你有没有意识到这一点，所有降临到人的身上的那些厄运、卑贱和软弱的集中体现，与其说是死亡，不如说是对死亡的恐惧，不是吗？我希望你为了对抗这种恐惧而历练自己。要让你所有的理想，你所有的历练，你所有的阅读，都是朝着这个目的的。然后，你就会知道，这是人类获得自由的唯一途径。

结婚生子是为了幸福

意志的选择决定我们的行为

人们结婚生子当然不是为了获得不幸，而是为了获得幸福。

一个人却说道：“可是对于我而言，对于我的孩子，我感到不幸。最近我女儿被认为病危了的时候，我甚至无法忍受守候在她的病床前。于是我逃走了，直到有人带信说她好起来了我才回去。”

爱比克泰德问：“那你觉得你当时那样做，对吗？”

这人回答：“我当时那样做是自然而然的。”

爱比克泰德说：“你必须先让我相信你当时的做法是‘自然而然’的，然后我便会使你相信，无论做什么事情，只要和自然一致便是对的。”

那个人说：“这就是所有做父亲的，或者至少是大部分做父亲的——感受方式。”

爱比克泰德说道："我并不否认你这样的观察，也不是说没有那种情况。但是，我们要讨论的是另外一个问题：这样做对不对。按照你的推理方式，我们将不得不仅仅因为肿瘤存在着，就承认它们是有利于身体才长出来的；仅仅因为我们所有人，至少是大部分人，实际上都会犯错误，就不得不承认错误也是合乎自然的。"

爱比克泰德说："如果得病的是你，你愿意你的家属，包括妻子儿女，用把你丢下不管的这种方式来表达他们对你的情谊吗？你愿意他们用过度的亲情来爱你吗？因此，你常年卧床不起，无人问候。还是说，你宁愿被你的仇敌所爱？正是他们把病中的你丢下不管呀。如果这样就能如你所愿，那我们只能得到如下结论：你的行为归根结底算不上是一种亲情行为。"

我们不应该再在我们自身之外的地方去寻找动机，为何我们说或者不说某些事，为何我们欢欣鼓舞或垂头丧气，为何我们躲避某些事情或者追逐某些事情，全都是一个相同的原因，这也就是你和我行为的动因。你来看我是因为这个，你坐这儿是因为这个，你倾听我说话是因为这个，这个原因也是上述事情的原因。那它到底是什么呢？

就阿喀琉斯[①]而言，他之所以要悲伤，“原因就是因为他想悲伤，而不是因为帕特洛克鲁斯之死”。

总而言之，对于每件事情而言，我们做还是不做，既不是因为死亡，也不是因为被流放和苦难以及诸如此类的事情，仅仅是因为我们的观点和我们的意志的选择。

行为是否恰当是由关系如何来衡量的

一般而言，行为是否恰当是由关系如何来衡量的。比如，对于一个为父者而言，就意味着要照顾他，凡事要顺服他，耐心接受他对你的责备或打击。“但这是一个坏父亲呀。”然而，你有一个好父亲是自然而然的吗？并非如此，自然而然的只是你有一个父亲。“我的兄弟对我不好。”那么，只需保持你对他的兄弟情，

---

① 阿喀琉斯：海洋女神忒提斯和英雄珀琉斯之子，荷马史诗《伊利亚特》中参加特洛伊战争的一个半神英雄。曾因好友帕特洛克鲁斯被杀感到悲伤，而对特洛伊军队大开杀戒。

不用管他对你做了什么。你要考虑的是，你能做点什么，以使你自己的选择能力符合自然之理。别人不会伤害到你，除非你愿意如此。只有当你认为自己受到伤害时，你才会感到伤心。因此，如果你惯于观察人际关系，那么，从关于邻里关系、臣民关系、上下级关系的想法着手，你就会发现相应的恰当的行为方式。

看清人与人之间的关系

凡事都有其代价

务必要关注这个问题：不要随便结交朋友，以免你变得像他们那个样子，那样你会毁了自己的。但有一个念头闪现在你的心中："别人会认为我没有礼貌，从而对我不友好了。"那么请记住，凡事都有其代价。用所做的事来评论一个人时，如果你不做过去做过的那些事情，那么你就不是过去的那个你了。或者继续讨好你那样随便的朋友，你就还是过去的那个你；或者超越过去的那个你，与你的那些朋友断交。

我们所做的每件事都是为了我们自身

这里有个普遍原则你要看清楚了：每个生灵，对待任何事物都不如对待他自身的利益来得那么热衷。那么，在他看来阻碍其利益的任何事物，不管是兄弟、父亲、孩子、他爱的人或爱他的人，他都会憎恶、指责乃至诅咒。因为生灵之本性就是爱自己的利益胜于一切，而可能对其利益造成阻碍的就是他的父亲、兄弟、亲戚、国家和神灵。比如说，如果我们认为是诸神阻碍了我们获得自己的利益，我们甚至会辱骂神灵，把其雕像扔在地上，焚烧其庙宇。就像当年亚历山大的情人死去的时候，他下令焚烧了阿斯克勒庇俄斯的神庙。所以说，如果一个人把其利益和正义、高尚的事物、国家、父母、朋友统统放在天平的同一边，那么所有这些方面都能得到保全。但是，如果他把其利益放在天平的一边，把正义等都放在天平的另一边，那么后者皆会遭到舍弃，因为它们都比不上他的利益。

只要是在一个人能够呼之以“我”和“我的”的地方，那就必定是他的利益所在之处，也就是他必定要倾斜的一方。如果利益所在之处位于肉体之中，那么支配他的力量也必定存在于其肉体之中；如果利益所在之处位于自由意志之中，那么支配他的力量也必定存在于其自由意志之中；如果利益所在之处位于外部事物之中，那么支配他的力量也必定存在于外部事物之中。由此看来，唯有“我”处在我的选择能力所在之处时，我才会是我所应该是的那个朋友、儿子以及父亲。因为只有此时，它们才是我的利益所在，也就是说，我把保持我的忠诚、尊严、忍耐、克制、合作以及我与他人的关系当作是我的利益。

这不仅仅是一种自爱，这也是人这种生物的本性：他所做的每件事情都是为了他自身。对了，即使是太阳所做的每件事情，也都是为了它自身；甚至对于宙斯而言，也是如此。

朋友之间并不是看起来友好就真的友好

正是由于对此普遍原则的无知，雅典人与斯巴达人争端不断，底比斯人与他们二者皆有争端；波斯王与希腊发生争端，马其顿人又与他们二者皆有争端；在我们这个时代，罗马人与盖塔人产生争端；比这些都早的时候，特洛伊的战事不断；所有这些都是因为这个原因。亚历山大是梅内莱俄斯的客人，如果有人看到了他们彼此间的友好往来，他肯定不会相信别人说他俩不是朋友的话。但是他们之间就是因为一点诱惑——一个绝色美女，为了赢得美人，他们之间即刻就爆发了一场战争。

所以，当看到朋友、兄弟看起来是同心同德时，你不要立即断定他们的友谊。即使你看到他们发誓彼此永不分离，你也不要做这样的断定。

你也不要像大部分人都会去做的那样，询问这两个人是否是亲兄弟，或者是否是发小，或者是否是师出同门。你应该去询问这个问题，而且只需去询问这个问题，那就是：他们把自己的利益置于何处？是置于外部事物，还是置于他们的选择能力之中？如果是置于外部事物的，那么就不要把他们当作是朋友，也不要认为他们是忠诚、坚定、勇敢或自由的。而且，如果你明智的话，甚至都不要把他们当作是真正的人。

“但是他多年来一直关照着我，难道他不爱我吗？”奴仆的品性呀！你又如何知道他关照你，不是如同他用海绵擦洗关照他的鞋子一样，如同他用马梳梳刷关照他的马儿一样？你又如何知道，当你丧失了你对他的用途，就像一些工具丧失了其用途那样，他会不会抛弃你，就如同抛弃一个没用的碎了的盘子一样？

他人轻你，只是他也被表象欺骗了

当有人对你不好，或者说你不好时，请记住，他这样做或这样说，那是因为他相信他这样是对的。因为他不可能从你的角度看问题，做你认为正确的事情；而只能从他自己的角度看问题，做他认为正确的事情。因此，如果他基于一个错误的表象作出了判断，那么，他就是那个被伤害的人，因为他也被表象欺骗了。如果有人将一个真命题判断为假命题，那么，受到伤害的不是这个命题，而是这个人。认识到这些，你就会温柔以待谩骂你的人，因为你时时刻刻都知道，“这件事在他看来就是如此”。

无论何时，都不要轻易丢掉自己的判断力

如果有人把你随随便便地就托付给了另外一个人，你是会生气的。然而，如果你被辱骂你的人弄得心神不宁，就那么地丧失了自己的判断力，难道你不对自己感到羞愧吗？

为自己定一套行为规则

你应该现在就为自己设定一套特定的行为规则，不管你是独处，还是和别人在一起，你都要坚持这套规则。比如下述这些：

1. 在大多数的情况下，你要保持沉默，或者只言简意赅地说几句不得不说的话。在一些需要发言的场合，说话也要谨慎，但是不要心血来潮、信口开河，不要参与角斗士、赛马、运动冠军、吃吃喝喝等这些老生常谈的事。特别是不要对别人品头论足，谈话的时候不要责备别人，不要吹捧别人，也不要比较别人。如果可以的话，那么就通过你自己的谈话，把你同伴的谈话带到恰当的话题上。但是，如果你恰巧在陌生的人群中，那就保持沉默好了。

2. 不要笑得太多，不要碰见什么事都笑，不要无所顾忌地笑。

3. 如果可能的话，绝不发誓。如果情况不允许的话，要尽可能少发誓。

4. 避开公众场所和粗俗的娱乐活动。但是，如果有什么场合叫你去参加，注意你举止行为的度，不要不知不觉地做出粗俗的举止。

5. 如果一个人的同伴卑鄙下流，跟这样的人厮混在一起，即使是清白的人，也一定会受到影响变得下流起来。

6. 拿取身体需要的东西，够用就行了，比如衣食住行、家里的仆从等。舍掉一切炫耀的和奢侈的东西。

7. 就性生活而言，在婚前尽可能保持纯洁，如果你爱上一个女人无法自拔，那么就让你们的关系变成合法的。对于那些放纵自己性生活的人，也不要生他们的气，或责备他们，他们这样做有他们的自由。但是，你不要老是吹嘘自己的洁身自好。

8. 如果有人给你打小报告，说某某人在背后说你坏话，不要为自己作辩解，而是要告诉他："显然他还不知道我的其他缺点呢，否则的话，他就不会只提到这些了。"

9. 你不必经常去看那些公共场所的表演。但是，如果你恰好去了那些场合，也不要对别人表现得比对自己还要关心。也就是说，有些事发生了那就发生了，某个人赢了那就赢了，不要做其他的期望，这样你就不会受到困扰。绝对不要大喊大叫，不要嘲笑任何人，也不要太沉迷于其中。演完离开后，也不要过多谈论这些事情，都是已经发生的、过去了的事情了，除非谈论这些事情有助于你自身的进步。如果谈论得太多，会显得你过于沉迷这个表演。

10. 不要不分青红皂白地或轻易地就去听别人的公开演讲，当你去听这种演讲的时候，既要保持自己的见解，要稳重，同时也要避免过于挑剔。

11. 当你去面见一个人的时候，特别是一个看起来很杰出的人时，想一想比你更优秀的人在这种情况下会怎么做。这样的话，你就不会对如何应对这种情况感到茫然。

12. 当你去见一个手握重权之人时，你就要知道，你会在他家找不到他，你会不被接纳，你会被关在门外，你会被他忽略。即使这种情况发生了，你也要去忍受，绝不要对自己说："这一切都不值得！"因为，这不是哲学家的行为方式，这是一个被外在事物困扰的人的行为方式。

13. 与别人交谈时，不要津津乐道地谈论你做过的事和你经历过的危险。因为，当你谈到自己曾经身处险境时，你会聊得开心愉快，但是对于别人而言，你的这些事并没有你觉得的那么有趣。

14. 同样地，也不要去说搞笑的话。因为这种耍小聪明的方式容易让你变成粗俗，同时也会减少熟人对你的尊重。说脏话也是不明智的，也会让你陷入这种窘境。所以，当碰到有人在搞笑或说脏话，如果时机恰当，就该去批评这样做的人。时机不对的话，你也不能同流合污，要对此保持沉默，要感到脸红，要皱眉，以示你对这种谈话的不满。

15. “或者是白天或者是夜晚”，这样的命题对于析取判断很恰当，对于合取判断却很不恰当。在宴会上，选择最大的份额对满足身体的食欲非常适合，但对于饮宴的社交精神而言很不适合。当你和别人一起吃饭时，不仅要记住摆在你面前的食物对身体的价值，还要保证自己的吃喝行为对主人的尊重。

对身外之物糊涂些

不要过分在意他人的看法

如果你想要在智识上有所长进，你就要对身外之事糊涂一些。在别人眼中无所不知，从而得到他们的尊重，你不要这样去期望。虽然，对于别人而言你看起来是个人物，但是你自己不要信以为真。既要让自己的选择不违背本心，又要顾及外人的看法，兼顾二者确实不容易。要保持自己的表里如一，就必然顾全不了他人的感受。

顺应天然

在与身体有关的事情上花很多的时间，比如运动、吃喝拉撒及其他动物本能，这是缺乏人类天分的表现。这些事情你都应该是顺其自然、不经意间做的。我们的整个精力应该专注于观照自己的判断力。

如果你知晓属于自己的财产，就不会对他人的东西有所企图

你下船的时候会做什么？你不会拿走舵，也不会拿走橹，不是吗？那你会拿走什么呢？拿走你自己的行李，你的油瓶和小包袱。所以说，如果你知晓哪些是自己的财产，就永远不会对别人的东西有所企图。

有人对你说道："把你那衣服上宽大的紫色边去掉。"好的，这就剩窄边了。"把窄边也去掉。"好的，这剩下的就是普通袍子了。"把这袍子也去掉。"好的，我已经一丝不挂了。"可你依然招我嫉恨。"那么，就请把我这卑微的肉体整个拿去好了。我连自己的肉体都能给他拿走，我还有什么好畏惧的呢？他不会将我作为他的继承人，不会留给我任何东西。

那又能怎么样呢？难道我忘了这东西没一件是我自己的吗？那么，我是怎样将这些东西看作"我自己的"呢？这就如同我们在客栈里将一张床看作"我自己的"那样一样；如果客栈老板死了，还把这床留给了你，那这床就是你的了；可是如果客栈老板把这床留给了别人，那它就是那个人的了，你就得去另外找一张床睡。如果你没找到，那你就只能睡在地上了。

不过，只有极具智慧和勇气的人才能做到这一点，在地上睡得直打呼噜，还心中有数：悲剧只会发生在富人、国王和暴君这些人的身上，穷人——除非他是在演戏——才不会扮演悲剧的角色。

如何生活比生活本身更为重要

假言三段论[①]本身是无关紧要的，对其的判断却并非无关紧要。这种判断要么是知识，要么是意见，要么就是虚假。同样地，生活是无关紧要的，如何生活却并非无关紧要。所以说，当有人告诉你“这些事物无关紧要”的时候，千万不要因此就忽略了它们。而当有人劝告你要谨慎行事的时候，也不必因此而困扰于外物，变得一惊一乍。知道自己所能承受的范围和能力是有好处的，这样你就可以对自己预备之外的事保持沉默，如果别人在这些事上胜过你，你也不必恼恨。

克律西普说得好：“未来是不确定的，既

① 三段论：假言三段论又称假言推理，假言推理以假言判断为前提来进行推理。假言三段论的有效推理形式是：P→Q，Q→R。所以，P→R。即：如果P蕴含Q，且Q蕴含R，那么P蕴含R。

然如此，因为神已经赋予了我自己自由意志，那我只需坚持守护与自然相一致的事物就行了。假如说我真的知道我现在就生病是命中注定的话，那么，我就自己去生病。如果脚有选择能力的话，那它也是如此，会自己找泥浆走进去。”

举个例子，稻谷为何要生长？它们会因此而变干，不是吗？当稻谷变干时，不也正是它们被收割的时候吗？因为稻谷并不只是为了它自己而生长。如果稻谷要有感觉的话，那它们是否就要祈求永远不被收割呢？对于稻谷而言，永远不被收割却是一个诅咒。同样地，我想告诉你的就是，对于人而言，永远不死也是一个诅咒，就如同稻谷永远不成熟、不被收割一样。

只有遵循优秀思想去做才是有价值的

有人因为自己能理解和解释克律西普的作品而骄傲。对此，你要对自己说：“除非克律西普写得模糊不清，否则这个人有什么值得骄傲的呢。但是，我想要的是什么呢？我想要的是，理解自然，并遵从自然行事。所以我就试着去找谁能够解释自然。我听说克律西普能够解释自然，那我就去求助于他。但是，我看不懂他写的东西，所以我就试着去找能翻译这些作品的人。除此之外，没有什么值得我去重视。当我找到一个翻译时，剩下的就是遵循他所传达给我的去行事。只有这个，才是有价值的东西。如果说我只是钦佩这种翻译本身，那么，我所做的就是语法学家的事，而非哲学家的事了，我就不过是在解读克律西普而非荷马罢了。所以说，当有人让我读克律西普的书给他听时，如果我的行为不能与克律西普的话语一致，那么我是应该感到脸红的。”

看到事物的正面

事情都有两面性，一面值得说，另一面则不值一提。比如说，你兄弟做了对不住你的事情，那就不要紧抓住这个不放，因为他做了不义之事，这一面是不值一提的；而是要看到事情的另外一面，即他是你的兄弟，和你一起长大，你要牢牢记住这一点，这是值得说的一面。

一件事一旦超出了其应有的限度，就会变得没有限度

对于每个人而言，身体之需就是衡量其财富是否足够的标准，就如同脚的大小就是鞋子是否合适的标准一样。因此，如果你满足于此，那么你就坚持了这一标准。但是，如果你超越了这一标准，你将不由自主地一直往前，直至最后走到悬崖边上。就像鞋子合脚就行，如果对鞋子的追求超越了合脚这一标准，那么你可能会先要镀金的鞋子，再要带流苏的鞋子，还要镶珠嵌玉的鞋子。一件事一旦超出了其应有的限度，就会变得没有限度。

警惕那些让你沉迷的享乐

无论何时，当你遇到及时享乐之事时，都要保持警惕，就像在其他情况下一样，不要被它迷惑，这时你应该让事情缓一缓，让自己变得迟钝点儿。然后你要回想两个时候，一个是你享乐的时候，一个是你享乐后懊悔和自责的时候。比较一下这两种感觉，即你及时享乐时的感觉，以及你因克制住了及时享乐而夸赞自己的感觉。即使在你看来这是一种及时的满足，也要注意不要被它的魅力、愉悦和诱惑所征服。恰恰相反，当你意识到自己战胜了这种及时享乐时，你的感觉要比及时享乐时的感觉好得多。

既要谨慎又要自信

自信于选择能力之外的事物，谨慎于选择能力之内的事物

不论遭遇了什么样的事情，我们都既要谨慎又要自信。然而，在某种程度上来说，谨慎似乎是和自信矛盾的，而矛盾的事物是绝不可能同时拥有的。

可事实上，这个说法真有那么奇怪吗？有一个经常被提及，并且已经被证明是正确的哲学命题说，“善与恶的本质都在于对表象的判断，那些在我们的选择能力之外的事物没有善与恶的属性”。如此说的话，哲学家的这些观点还自相矛盾吗？哲学家们会说：“对于我们选择能力之外的事物，就应该表现出自信。对于我们选择能力之内的事物，就应该表现出谨慎。”

如果一个人将谨慎运用于不取决于我们自己的事物，也即在我们选择能力之外的事物，那么，这个人将陷入恐惧和不安中，因为他想将自己的意志运用于取决于别人的事物上去。

所谓可怕的，不是死亡或痛苦本身，而是这种对痛苦或死亡的恐惧。因此，我们才称赞讲了下述这句话的那个人，他说：

“死亡不是病，恐惧死亡才是病。”

既然如此，我们应该以自信的态度应对死亡，应该以谨慎的态度应对对于死亡的恐惧，这就是按照自然的原则所应该做的。然而，我们常常反其道而行之：面对死亡，我们竭力逃避；而在做一个关于死亡的判断时，我们却表现得粗心淡漠，随随便便。

这些学说会导致什么样的结果呢？准确地说，只有对那些真正受过教育的人来说，这些哲学学说才会产生很正当又稳妥的结果，那就是淡定、自由和无所畏惧。我们不可以相信大众对这些事情的看法，因为他们会说，“只有自由的人才配享有教育”；而应该相信哲学家，他们对此说，“只有受过教育的人才能够自由”。

你要练习的是如何面对死亡，如何面对锁链和禁锢，如何面对酷刑折磨，如何面对流放。请以自信的态度去面对这些事情。你要相信命运，是他让你面对这些事情，是他认为你应该遭受这些。既然如此，如果你用合乎理性的内心原则来应对你选择能力之外的事情，那么你在修为上的表现就会有所成就。这样，前面所说的那个“自相矛盾”就不再是不可能的了，也不再称其为“矛盾”了。

不要违背你的原则

在散步时，你会留心不踩到钉子或扭伤脚踝。同样地，在做事情时，你也要留心不要违背你的行事原则。如果每次做事情时都能谨记这一点，我们行事就能更加稳妥。

不要承担超出你能力范围的任务

如果你承担了超出你能力范围的任务，那么，你既会因为接受了这个任务而名誉扫地，又会因此耽误了这项你无法完成的任务。

不必遮掩

当你出于清醒的判断，认为应该做某事时，绝对不要遮遮掩掩地去做这事，哪怕全世界都错看了这事。如果这事你做得不对，一开始就不要去做；如果这事你做得对，你又何必害怕那些错怪你的人呢？

做好充足的考虑再行动

对于自己的每一项行为，你都要考虑其前因和后果，考虑好了之后再行动。否则的话，你一开始一腔热情，却没有考虑到接下来会发生什么，当后面遇到困难时再放弃，那是很丢脸的。比如说，你想在奥运会上赢得比赛！我也想啊，天啊，这多好的事啊！但是，请你把这件事的前前后后都想清楚了，你确实擅长于此事，再去做。想要赢得奥运会比赛，你就必须遵守纪律，严格控制饮食，远离甜点；你就必须在固定的时间内进行训练，不管是严寒酷暑，也不管是你是否乐意；你就必须不能喝冷饮，有时候还要滴酒不沾。总而言之，你必须把自己完全地交给你的教练，就如同你生病时把自己全部交给医生一样。

然后，比赛来了，你可能会被扔进沟里，手臂脱臼，扭伤脚踝，吞下大量的灰尘，被鞭打，即便如此，你最后还是有可能输掉比赛。当你把这一切都考虑清楚后，如果你还是想参加奥运会，那就去吧。如若不然的话，请注意，你的行为就会像个小孩一样。小孩子们一会儿玩摔跤，一会儿玩角斗士，一会儿吹喇叭，一会儿演戏，他们看到什么就模仿什么玩。如果你像个小孩一样，你就会一会儿当个运动员，一会儿又当个角斗士；前面还想当个演说家，后面又想做哲学家了。然而你的整个灵魂是荒芜的，你的心中一无所有。你就像个猴子一样，模仿你看到的一切。因为你采取的每项行动并没有经过深思熟虑，都是随机的、三心二意的，所以见异思迁就成了你的本性。

同样的道理，当有些人看到哲学家，听到有人像幼发拉底[①]那样妙语连珠时（然而有谁能像他说得那么好呢？），他们就想自己也成为哲学家了。但是请你慎重考虑，哲学家到底是怎样的一种人。然后，你要洞悉你自己的本性，你的本性能让你安于作为一个哲学家吗？你是想做全能五项呢，还是摔跤？这就要视你的胳膊、大腿以及腰部的情况而定了。不同的人天生适合不同的事物。

你觉得作为一个哲学家，你还可以任意妄为吗？如同你现在这样吃吃喝喝、满腹牢骚？

---

① 幼发拉底：斯多葛派学者，因雄辩而知名。

作为一个哲学家，你必须警觉，必须忍受困难，必须与你的熟人保持距离，被你的奴仆轻视，被遇见你的人嘲笑。在荣誉方面，在公职方面，在司法法庭上，你所有的事情都会变得比别人更糟。想一想，你是否愿意牺牲这些东西，去换取安宁、自由和平静。如果不愿意的话，就不要信奉哲学，不要像孩子一样心血来潮地一会儿要做哲学家，一会儿又要做税吏，一会儿要做演说家，一会儿又要做皇帝的大臣。这些事情是不能兼顾的。你只是一个人，无论好坏。你只能要么培养自己的自律能力，要么培养自己处理外部事物的能力。并且，你只能要么专注于自身，要么专注于外物。也就是说，要么是哲学家，要么是俗人，你不可能兼顾两者。

重要的不是做事的对象如何，而是做事的技艺如何

对于掷骰子而言，掷骰子的平台是无所谓的，骰子本身也是无所谓的。那么我怎样能知道骰子落下来会是几点，这个重不重要呢？对于我而言，我当前要做的事只不过是：谨慎且熟练地对待既成的事实就行了。同样的道理，对待生活而言，首要的任务就是区分不同事物，比较它们孰轻孰重，并且要告诉自己：外部事物并不取决于我，选择的能力（即自由意志）却在我自己控制之下。那么，我应该到何处去寻找善与恶呢？应该到自己的内心里去寻找善恶，到取决于自己的事物那里去寻找善恶。对于别人的东西，绝不要使用善或者恶、利益或者损害，以及诸如此类的字眼来讨论。

你会发现技艺娴熟的球员也是如此行事的。对于这样的球员而言，他们没有人会去担心球的好坏，而是只会关心投球和接球的事情。因为，竞技状态、球技、速度和动作的优美与否，与其他无关，只与此相关。

因此，在此意义上而言，苏格拉底懂得如何“打球”。为何这么说？因为他懂得如何在法庭上打比赛。

那么苏格拉底在那样的时刻，那个场合下玩的是什么“球”呢？监禁、流放、毒酒、与妻子儿女生离死别，这就是他所玩的“球”。即便如此，他照样以饱满的竞技状态去投球和接球。我们也应该这样去做，如此才能展示一个球员对比赛所应该有的谨慎，同时也保持了对所玩的“球”的淡漠。因为，那不过是一个球而已。一个人应该尽其所能地将其技艺运用到外部材料上，而不必看重材料本身，他所要尽力而为的是将他这方面的技艺展示得淋漓尽致。

让你的心智适应所有将要面对之事

试想一下，当你准备去上法庭的时候，你希望自己保持什么，你希望自己在哪方面获得成功？如果你希望自己保持的是使你的选择能力与自然原则保持一致，那么，你就会没有什么可丧失的，你能随心所欲地处置各种情况，而不会陷入任何麻烦中。如果你想要保持的那些事物是由你自己所决定的，也就是本质自由的事物，并且你能够满足于这些事物，那你还有什么好担心的呢？

在苏格拉底即将受审时，有人提醒他要为自己的审判做好准备，苏格拉底就基于上述原则说了下面这一番话。他说：“我的一生都正是为此事做准备的，难道你认为不是如此吗？”“你做了什么样的准备呀？”“我所坚持的，”他回答说，“就是取决于我自己的事物。”“你这话是什么意思？”“无论是在我的私人生活中，还是在我的公共生活中，我都没有做任何不公之事。”

请你想一想，如果苏格拉底对身外之财还有留恋的话，他还会说“阿尼图斯和梅莱图斯确实可以杀了我，但是他们无法伤及我的本心”这种刺激审判者的话吗？

如果你想被钉在十字架上处死，那么，只需等待，十字架自会来的。然而，如果是基于理性你要听从法庭的传唤，你要为自己做言之凿凿的辩护，那么你需依照理性行事。与此同时，你务必要遵从自己的本心。如此看来，“请给我建议”这种说法是很可笑的。我能给你什么建议呢？给不了。倒不如对自己说，“我要让我的心智适应所有我要面对之事”。

高调做事，低调做人

当你厉行节俭生活的时候，不要到处张扬。比如说，当你口渴时，不要时时刻刻念叨着“我要喝水”。你要知道，穷人比你更节省，更能忍耐苦难。你训练自己吃苦，劳筋骨，饿体肤，不是为了给别人看，而是为了你自己。不要把自己塑造成榜样，你要低调。比如，当你极度口渴时，你喝一点儿冷水，再吐出来，润润嘴唇即可。即使做到了如此，也不要告诉任何人。

你的行为自会体现你的修养

不要宣扬自己是个哲学家，也不要在非哲学群体中谈论太多的哲学道理，而是按照这些道理行事。例如，你在宴会上，不要谈论人们该如何吃饭，只需遵照你的哲学原则吃饭就行了。请记住，苏格拉底就完全摒弃了浮夸，以至于有人要找哲学家时，却跑到苏格拉底那里寻求推荐，苏格拉底就领着这人，把他推荐给了其他哲学家。别人忽视了他，他完全不在意。所以，如果遇到未学过哲学的人在讨论哲学命题，这种情况的大多数时候你要保持沉默，因为你很有可能不小心说出你还没有完全理解的命题。当有人说你什么都不知道，而你并不被这种评价困扰时，那就说明你已经开始了哲学事业。羊从来不向牧羊人展示自己吃了多少草，它们悄悄地自己消化食物，而生产出来的羊毛和羊奶是大家都看得见的。所以说，你也不必向不学哲学的人展示哲学道理，你只需去领悟这些道理，之后的行为是大家都看得见的。

顺应自然

对待事物，顺其自然

不要强求事情都如你所愿，要让事情如其所是，顺其自然地发生。如此对待万事万物，你的人生之路会更好走。

练习死亡

我们设定一个目标，不是为了错过这个目标的。同样的道理，自然也不是为了恶而存在。

时常想想死亡、放逐以及所有那些看起来可怕的事情，尤其是死亡。如此，你的心中就不会再有那些卑劣的想法，也不会再有过分的欲求。

推人及己

从人们彼此之间没有差异的事情中，我们可以知道自然的意志。比如说，当别人的小仆从打碎了他的杯子时，我们就会说："算了，事已至此。"那么，当你自己的杯子像这样碎了时，你也应该这么想。将这个道理推到更大的事情上去。比如说，当别人的孩子或者妻子死了，你肯定会说：“这是人的命啊。”但是，如果是你自己的孩子或妻子死了，你立马会哭天抢地说：“天呀！我真可怜！”我们应该记起，当我们听到这种事情发生在别人身上时，我们是一种什么样的心情。

做好应对死亡的准备

想象一下：在一次航行中，你乘坐的船只抛锚了，这时你去岸边取淡水，你边走边自娱自乐，一会儿捡一只贝，一会儿又捡一只洋葱，不亦乐乎。但是，你必须一直注意着船只的动向，不断朝船只看上两眼，以防船长喊你上船时你听不见。突然，船长喊你上船了，你必须抛下所有这些沿途捡拾的小玩意儿，否则的话，你的手脚会被捆绑到一起，像牲畜一样被扔进船舱。人生亦是如此：就像去岸边取淡水途中捡到的洋葱或者贝一样，在你的人生中，你会拥有妻子儿女，这并不会妨碍你的人生。但是，一旦船长喊你启程了，你就会抛弃所有的这些，跑向船只，一去不回头。如果你老了，那就不要离船太远了，以防船长叫你时，你回都回不来了。

遵从秩序，不急不躁

请记住，人生就像参加一场宴会，必须行为得当。东西转了过来，到了你面前，你才可以礼貌地伸出手，拿一些食用。东西转过去了，不要把它拖回来。还没有转过来时，不要急不可耐地伸手去拿，静等它转到你面前。对待孩子如此，对待妻子如此，对待公职如此，对待财富亦是如此，这样的话，你的品行就可以和诸神同席了。不过更进一步的话，如果当东西呈在你面前时，你视若无睹，那么你的品行不但可以与诸神同席，还可以与诸神一样为王。就是因为有着这样的品行，第欧根尼、赫拉克利特以及像他们这样的人，都是当之无愧的“神”，也当之无愧被称为“神”。

扮演好你的角色

请记住，人生就如同演戏，你就是戏剧中的一个演员，就要按照剧本去演。这部剧是长是短，都不由你决定，而是由上天决定的。上天让你演穷人，你就演一个穷人；让你演残废，你就演一个残废；让你演长官，你就演一个长官；让你演普通人，你就演一个普通人。不论让你演哪个角色，你都要演得自然。你的分内之事是扮演好分配给你的角色，至于是选择哪个角色则由不得你。

III

奥勒留论——人生短暂，淡定应对

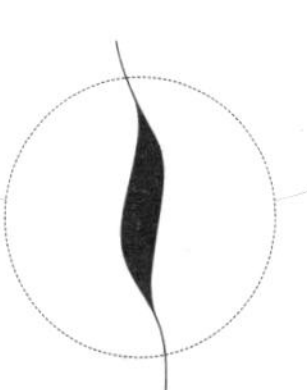

导读

马可·奥勒留（公元121年—180年），斯多葛派晚期的著名代表人物，被称为“御座上的哲学家”。他是古罗马帝国五贤帝时代的最后一个皇帝，于161年继位，在位19年。他的父族本是西班牙贵族，在罗马定居多年后，从韦帕芗皇帝（公元69年—79年在位）那里获得了贵族身份。所以，奥勒留可谓是出生于罗马的新贵家庭。不幸的是他幼年丧父，由母亲和祖父抚养长大。出身优渥，使他自幼得到了当时上流社会最好的教育，并获得了哈德良皇帝（公元117年—138年在位）的青睐。他接受了当时的主流哲学，即斯多葛派的学说，他十分崇拜学派前辈爱比克泰德，并在生活中对其哲学理念身体力行。后来他的叔父继承了帝位，并按照老皇帝的要求收他为继嗣。当他叔父于公元161年去世后，他就成了罗马帝国的皇帝。他娶了前任皇帝的女儿为妻，即他堂姐妹。奥勒留一生为帝国勤勉操劳，最终病死在了保卫国家的征战途中。

从社会地位上来讲，作为历史上少有的帝王哲学家，奥勒留可谓是最霸气的哲学家了，但他并不是柏拉图意义上的哲学王。虽然实权在握，奥勒留一生却做人很低调。奥勒留度过了半生的戎马生涯，他非常有军事天赋。他当皇帝的那些年，罗马帝国并不太平，战乱不断、灾难频发，来自北方的日耳曼部族的侵犯，与东方的安息人之间的多年战争，以及内部的叛乱、瘟疫，天灾人祸，使得勤勉的奥勒留成了一个典型的工作狂人。可即便如此，也没能阻挡住罗马帝国的颓势，罗马人口锐减，经济日益衰落，民不聊生。尤其是他当政的最后十年，几乎都是在边疆或行省的军营中度过的，很少能待在罗马。公元 177 年，他赴北方的战事，接连转战三年后，病逝于战事途中的文多博纳（今维也纳）。

关于奥勒留，有许多令人称道的事迹。不过从世俗的眼光来看，他这一生未免显得有些悲怆。他所有的行为都本着良知和善，但大多数行为都没有成功。作为位高权重之人，他更加需要与各种世俗欲望抗争。虽然奥勒留有极大的权力，可是他遵循斯多葛派的教诲，并没有沦为权力的俘虏，他谦虚且谨慎，在所有的国家大事上都乐于听听元老院的元老们怎么说，他不是把自己视为高高在上的帝王，而是把自己视为元老院和人民的仆人。他从不玩弄权术，也不把自己驾驭在人民的头上。他对战争十分不喜，比如他晚年在马科尼曼战争时，将自己正在指挥的惨烈军事行动称为“蜘蛛猎取苍蝇”。他热爱和平，但是入侵和叛乱不断，他又有职责以战止战，并且为了更好地达到这个目的，他让自己成长为功勋卓著的战争指挥官。

他对人民悲悯，从来不去看凶残的角斗士表演。观看角斗士表演是罗马当时的风尚，这种表演显示了当时的人们心里对暴力的崇拜，这是时代使然，令奥勒留深感痛心。他勒令角斗士必须使用粗钝的剑决斗，不过这种改革是暂时的，他对此的改革并不彻底。他虽对此反感，但也不得不迁就于这些口味败坏的公众，只能到现场去接受角斗士的礼赞。即便到了角斗场，奥勒留也绝不会欣赏暴力血腥的角斗，他会在那种场合看书或者接见民众，以此方式来拒绝场内的杀戮表演。不过他这种心地善良的行为表现，却遭到了民众的嘲笑。

他对下属宽容，从不疑神疑鬼。相对于宫廷里的虚假造作和阴谋诡计，他更喜欢前线帐篷里的艰苦危险生活，因此，他对自己的将士有更深的感情。有一个叫阿维迪·凯西的将军，才干出众，有些瞧不起与人和善的奥勒留，觉得自己也有做皇帝的能力，于是在远离帝国核心的亚洲举起反叛大旗，要分裂帝国。奥勒留认为普遍的和平比自己坐着皇帝的位置要重要得多，于是提议自己退位让贤。后来，这个将军被自己的部下杀害，并将头颅送到了奥勒留的面前。这并没有让他感到欣喜，他深感悲痛，因为他失去了原谅这个反叛者的机会。他也并没有追查和惩罚这个叛将的支持者，甚至当这个叛将的所有通信都被呈交给他后，他看都没看一眼就给全部烧掉了。

他又有一点儿理想主义，对内励精图治，对外征战沙场保卫国家，为了罗马帝国鞠躬尽瘁、死而后已。为了帝国的和平与繁荣，他认为国教在政治上是必须的，于是他下令放逐基督徒，因为这些人不信国教。这件事是奥勒留本人唯一被人指责的人生污点。但是他放逐这些基督徒，并不是因为愤怒或憎恨他们，而是因为他们的行为有害于国家。他这样做的动机是很真诚的，因为促使他这样做的不是一般的基督徒，而是当时基督教会中某些过于狂热的激进人士。因此，虽然与早期基督徒有这样的纠葛，在后世基督教发展壮大之后，奥勒留依然被当作是基督教的朋友而非敌人。

不过，他似乎缺乏一点儿斯多葛派的“冷酷”，不像是创始人芝诺那样，反对同情无知的人。他对无知的人，也具有一种宽容和仁爱，同时他又认为邪恶是无知的结果，那么他必然不会那么鄙视恶人了。或许正是由于他的过分宽容和仁爱，他没能约束自己儿子康茂德的残暴行径。他的独子康茂德继承了帝位，但是没有一丁点儿乃父遗风，而是一位臭名昭著的昏君。这位昏君像尼禄一样，喜欢剥夺声誉卓著的罗马人的公民权，甚至号令民众要把他当成神来敬拜，还沉迷于在角斗场和野兽或角斗士厮杀，后来被身边的一个角斗士勒死了。于是，就有了那句著名的话：他生下了他的身，却生不下他的心。

奥勒留一生既充满内心的温柔，又在行为上十分坚毅，作为位高权重之人是十分难得的，堪称是斯多葛派言行合一的典范。奥勒留给世人留下了经典名著《沉思录》，这本书到十六世纪才广为人知，自那以后就成了畅销书，到如今已经畅销几百年了。追随爱比克泰德的做法，他并不打算写书宣扬他光辉的一生。但是他不是孤家寡人，而是有许多知心的朋友，他们要求他写下自己的人生箴言。于是，就有了这部他写给自己的内心独白，并且大多是在鞍马劳顿中写就的。写成之后，他也并不准备公开发表。但是，这部书还是被保存并流传了开来。其内容共有十二章，也不是他自己划分的，而是后人抄本时按内容分成的。如今，这部书依然是世界上发行量最大的书之一。

在《沉思录》一开篇，奥勒留就回忆了一长串对他的人格产生过重大影响的人，包括他的祖父、父亲、母亲、朋友、家庭教师和一些哲学家等，这些人都对他的人生哲学的形成有指引作用。当然，对他影响最大的还是斯多葛派哲学家，他开篇提到了七位哲学家，其中有五位都是斯多葛派的，他的许多哲学思想和爱比克泰德是一致的。他极力发挥了爱比克泰德的伦理学说，用斯多葛派的天命观、神道论以及政治观，来维系罗马帝国这个政治共同体。由于罗马帝国江河日下的现实，他作为皇帝面对这一切，多少还是表现出了一些悲凉的气息。但是，这种悲凉又是壮观的，不是毫无作为，而是迈步目视前方，无所畏惧。

奥勒留强调人作为宇宙的一部分，与宇宙相和谐的生命才是美好的；“要经常考察宇宙中一切事物的联系”，要顺应宇宙的运行规律，“无论你发生了什么事，那都是自宇宙诞生时便为你准备好的，其中的因果关系自古以来就织就了你的生命之网”。他认为世界的一切都是永恒变化的，绝对静止是不存在的，因此，现实世界都避免不了整体灭亡的命运，都是短暂的存在，遑论“具体的个别事物如湍急河流，转瞬即逝”。正确地面对人生的短暂，就成了重要的事情，而哲学就是练习死亡。关于死亡的种种，奥勒留做了很多的分析，人生如一场战役，一段旅途，其身后的名声终归于湮没，永垂不朽的名声不过是虚荣而已。如此，生命的可贵和意义何在？他认为其实每个人的身上都存在着神圣的一部分，那就是他的理性和自由意志。在人生中“唯有哲学可以保持我们心中的神性”，从而使人摆脱快乐和痛苦的束缚，在短暂的一生中与大自然达到和谐。《沉思录》中并没有多少哲学理论的创建，但是其本身是对斯多葛派哲学身体力行的实践的记录。

人生如何幸福？幸福完全在于一个人的内在，而非外在。奥勒留说：“不要老去在意别人心里在想什么，那么就很少会不幸福；然而，如果不关注自己的内心活动，那么这人必然是不幸福的。”要幸福，就不要去揣度别人的心思，而把所有的思考都留在对自身的关注上。如果是在工作时，那就以理性引领，精神饱满、专心致志，如此，“就能无所欲求，也无所畏惧，就会满足于你现在这种合乎本性的活动，满足于你说出的字里行间的无畏的真诚，这样你就会生活得幸福”。如果是在遭遇不好的事情时，不要哀叹，而是去想“虽然这种事发生在我身上，我依然是幸福的”。不好的事可能会发生在任何人身上，但并不是所有人都会痛苦不已，因为痛苦与否是自己的自由，只要这些事情没有改变你的正直、宽容、节制等好的品质，那就没有什么痛苦可言。“在任何可能使你烦恼的情况下，都记住要去采用这一原则，即这并不是什么不幸之事，反而，能够去坦然直面并承受它是一件有幸之事。”如果是在做事情不成功时，不要厌烦，不要灰心丧气，也不要心怀不满，只要再从头做起就好了，只要做事情时依据的是理性的正确原则就足够了。在遇到不好的人时，要理性地宽容，因为“他们之所以染上这些恶习，是因为不知道什么是善，什么是恶”，但是“我们有着同样的血液和皮肤，分有同样的理智和神性”，所以不要相互敌对排斥，否则的话就是在自寻烦恼。

与斯多葛派其他哲学家更加关注个体的人不同，奥勒留特别关注人的社会性，强调了一种集体主义。他认为人生来就是要相互合作的，就好比是手和脚、唇和齿、眼睛和眼睑之间的合作。幸福在于按照理性去做善事，而“热爱人类，这就是普遍的善和人性所在”，“善就是做合乎理性的社会的人，履行人的职责”。人的幸福来自于两个方面：一方面是遵从心灵的理性做事，依赖于人的理解能力和认识能力去做一切事情，这是一个稳妥和幸福的过程，特别是这过程中所体现出的智慧本身更令人愉悦。另一方面是履行作为“人”的职责，为人类的公共利益而工作是人的本性所在，不要不愿意工作，不要藐视公共利益，“你难道没有看到，就算是一株矮小的植物、小鸟、蚂蚁、蜘蛛、蜜蜂都在工作着，一起有条不紊地尽着它们各自在宇宙中的本职吗？你还不愿做一个作为人的工作，还不赶紧做那合乎你本性的事吗？”对于奥勒留而言，理性的思考和做事原则，以及对人类的爱和为公共利益而奋力工作，构成了幸福的底色，也是短暂飘忽的人生的意义所在。

《沉思录》是奥勒留的心灵独白，读它就是与伟大人物的内心直面地去对话，会映照出你自己的灵魂模样：我现在拥有的是什么样的灵魂呢？是孩童的灵魂吗？还是年轻人、柔弱女人、暴君、牲口、野兽的灵魂？

良好的品质承载于优秀的传承之中

良好的品质承载于优秀的传承之中

从我的曾祖父那里，我懂得了上再多的课，不如遇到一位好的老师；也懂得了在求知上，不要舍不得花钱。

从我的祖父那里，我学到了发扬美德和控制愤怒。

从我的父亲那里，我懂得了谦虚和果敢，他和他的美名仍留存在我的记忆之中。

从我的母亲那里，我耳濡目染了虔诚和仁爱；我懂得了不仅不能做坏事，甚至不能有做坏事的念头；我还养成了远离奢侈和崇尚简朴的生活方式。

从我们当地的里长那里，我明白了不要卷入马戏团中的派别之争，也不要参与争勇斗狠的任何一方；我从他那里还学会了，要忍受劳作且不求回报，凡事尽量亲力亲为，不干涉别人之间的纷争，不轻信流言蜚语。

从戴奥吉纳图斯那里，我懂得了不要奔波于无关紧要的琐事；不要相信巫师术士的话，以及驱除精灵鬼怪之类的事情；不畏惧战斗，也不热衷于战斗；别人要说话，就让他说；不要排斥来自哲学的劝诫。我倾听过巴克斯、坦德西斯以及马尔赛勒斯的教诲，在我年轻时尝试过对话体的写作，向往硬板床、粗毛皮的生活。同时，其他所有属于希腊学问的东西，我都是从戴奥吉那图斯那里学到的。

从拉斯迪克斯那里，我领悟到自己的品格需要改进和塑造；我知道了不迷失于诡辩，不投机取巧地写作，不苦口婆心地劝诫，不显摆自己的训练有素，不为了炫耀而去行善；我学会了写作时不堆砌辞藻，不过于谋篇布局；穿衣服要合适，不在家穿出门的衣服，出门时也不穿家居服饰；给人写信要有朴素大方的风格，就像拉斯迪克斯从希纽艾瑟给我母亲写的信那样；对于言辞上冒犯我或者行为上伤害我的人，只要他们诚意和解，那我就要乐于同他们和解。从他那里，我还学会了要仔细地阅读，不满足于一知半解，不轻易被夸夸其谈的人忽悠；我还要感谢他让我有机会了解爱比克泰德的言论，这是他从自己收藏的书中教给我的。

从阿珀洛尼厄斯那里，我懂得了意志的自由和志向的坚定；懂得了在任何时候都要依靠理性，而不是别的什么东西；懂得了在失去孩子和久病不起这种极大的痛苦中，也要镇定自若。从他身上，我清楚地看到了一个教导人的活生生的榜样，既坚定又灵活，且毫不暴躁；看到了一个清醒的人，他拥有解释各种哲学原则的经验和技艺，却并不自傲。从他身上，我还学会了如何让你尊敬的朋友对你有好感，而又让你丝毫不显得卑微，或者没存在感。

从塞克斯都那里，我看到了和善的气质，慈爱地管理家庭的榜样，合乎自然地生活的观念，毫不矫饰的庄严，为朋友谋利的细心，对无知者和信口雌黄者的容忍。他有一种使自己和所有人都欣然相处的能力，以至于被逢迎拍马屁都没有和他交往来得愉快，同时，与他交往的人又十分尊敬他。他有一种睿智和系统地发现和整理生活原则的能力，他从不显露愤怒或别的情绪，完全不受情绪摆控，温柔宽厚；

他对人嘉许而又不会过分，拥有渊博学识而又毫不矜夸。

从文法学家亚历山大那里，我学会了不要去挑剔，不去苛责那些表达粗俗、文理不通和生搬硬造的人，而是灵活地运用回答的方式、证实的方式、探讨事物本身而非咬文嚼字的方式，或者别的恰当引导，来引出应当使用的正确表达。

从弗朗特那里，我学会了观察在一个暴君那里才存在的嫉妒、伪善和虚伪，知道了我们中间那些所谓的上流人士一般是相当缺乏仁慈之情的。

从柏拉图学派的亚历山大那里，我懂得了如非必要，不要在谈话中或写信时对人说自己没闲功夫；懂得了我们不能总以事务紧迫为借口，来推卸对与自己共同生活的那些人的义务。

从科特勒斯那里，我懂得了当一个朋友对你抱怨时，即使他是无理取闹，也不能置之不理，而是要想办法让他冷静下来；懂得了要随时准备好言相劝，就像多米蒂厄斯和雅特洛多图斯那样；我还从他那里学会了真诚地爱我的孩子。

从我的兄弟西维勒斯那里，我懂得了爱亲人、爱真理、爱正义；从他那里，我知道了思雷西亚、黑尔维缇厄斯、加图、戴昂、布鲁特斯；从他那里，我接受了以同样的法律对待所有人，实施权利平等和言论自由平等的政体的思想，以及最大范围地尊重被治者的所有自由的观念；从他那里，我还学习了对哲学始终如一和坚定不移的尊重，与人为善，为人随和，有美好的期待，相信朋友的善意；我还看到，他从不隐瞒对自己所谴责的人的意见，他的朋友无需揣度他的意愿，因为他的意愿都是透明的。

从马克西莫斯那里，我学会了自制，不为身外之物左右；无论境遇如何，哪怕疾病缠身，都一如既往地保持内心的愉悦；在道德修养上，让内心愉悦和庄重尊严恰当地配合起来；做手头上的事时，不要喋喋不休地抱怨。我注意到，每个人都相信他心口如一，不会恶意行事；他从来没有表现出意外和惊恐，从来不匆匆忙忙，也从来不拖拖拉拉，从来没有不知所措或者灰心丧气。他不会以假笑来掩饰他的焦虑，同样，他也不会陷入狂热或者疑神疑鬼。

他习惯于以仁慈待人，随时准备着宽恕别人，因此得以避免犯下不应该的错误。他给人的印象与其说是一贯公正不阿，不如说是他在不断自我完善。我还注意到，没有人能够说受到过他的蔑视，也没有人敢说自己比他还要好。他也具有这样一种本领，那就是令人愉悦的幽默。

关注内心，为自己订立恒定的目标

一个人漫无目的地生活，是因为无法明辨善恶

每天一起来就要告诉自己：今天我会遇到各种人，好管闲事的、忘恩负义的、傲慢自大的、胡说八道的、心怀嫉妒的，以及不善交际的。他们之所以会染上这些恶习，是因为不知道什么是善，什么是恶。但是，我知道善和恶的性质，知道前者是美的，后者是丑的。我知道即便是做了坏事的人，其本性也是与我相似的，我们有着同样的血液和皮肤，分有同样的理智和神性。我不可能被他们中的任何一个人损害，因为没有人能把恶强加于我，我也不会对我的这些同类心存怨怼，或者记恨他们；因为我们生来就是要相互合作的，就好比是手和脚、唇和齿、眼睛和眼睑之间的合作。所以说，如果我们相互敌对排斥，那就是违反自然本性的，最终就是在自寻烦恼和自我矛盾。

作为一个罗马人，要时时刻刻坚持思考，

要怀着全部和朴实的尊严，怀着友爱、自由和正义，去做手头上的事。你要从别的胡思乱想中解脱出来。如果你像做人生中的最后一件事那样，去做人生中的每一件事，不要对来自理性的命令置之不理，甚至深恶痛绝；抛开虚伪和自私，不要对自己得到的不满足，那么你自己就将得到解脱。你要认识到，人只需把握住极少的东西，就能过内心安宁的生活，诸神就是如此，他们不会向领悟到这些道理的人要求什么回报。

身外之物有没有让你陷入困扰？不要在这些事情上越陷越深了，还是拿出时间来学习新的和好的东西吧。但是如此做，你也需避免误入歧途。在生活中被自己的活动弄得筋疲力竭的人，与不务正业的人也没什么区别，因为他们的每一个行为没有恒定的目标来指引，总而言之，这些人的所有思想都是漫无目的的。

关注自己的内心

不要老去在意别人的心里在想什么，那么就很少会不幸福；然而，如果不关注自己的内心活动，那么这人必然是不幸福的。

事情的本身不具有善恶的性质

可以肯定的是，生死、荣辱、苦乐，所有这些事情既会发生在好人身上，也会发生在恶人身上，它们并不能使我们变好或者变坏。因此，这些事情本身并不具有善或恶的性质。

珍惜当下，每个人失去的只能是现在的生活

世间万物，转瞬即逝！在空间中，是事物本身的消散；而在时间中，是对它们记忆的消失。所有可感觉的事物，无不具有这样的性质，特别是那些诱惑人们使其快乐，或恐吓人们使其痛苦的事物，还有那些名扬海外徒有虚浮名声的事物。这些东西都毫无价值、应被鄙视、肮脏不堪、腐烂且易朽！对于所有这样的东西，我们的理性能力都要警惕！理性能力也要警惕那些哗众取宠的人；要弄清楚死亡的本质：如果观察死亡本身时，能通过反省的抽象能力把有关死亡的所有想象逐一分解，那么就会把死亡看作是自然的一种运转。如果有谁竟然害怕自然的运转，那他不过是个稚气未脱的孩子罢了。无论如何，死亡不仅是自然的运转，也是合乎于自然的目的的事情。

就算你觉得自己应该活上三千年，乃至活

个数万年，但还是请你记住：每个人失去的不是别的什么生活，而是他现在正在过的生活；每个人所过的也不是别的什么生活，而是他现在正在失去的生活。因此，无论生命是长还是短，就此而言它们都是一样的。虽然每个人的过去不尽相同，但现在的这一刻对于每个人都是平等的，所以能失去的看来只是当下的这一片刻。一个人不可能失去过去或未来，因为一个人没有的东西，还有什么人能从他那里夺走呢？有两件事请你务必铭记在心：一是所有来自永恒的事物都有其形式，且循环往复地存在，对于一个人而言，不管是在一百年还是两千年抑或无限的时间里看到的东西，都是同一的事物，别无二致；二是尚在人世的长寿者和濒临死亡者失去的东西，都是同样的东西。因为，能从一个人那里夺走的唯有现在。如果说每个人只拥有现在是真的，那么就没有人能失去一件他并不拥有的东西。

当你被不良情绪和行为操控时，摧残的其实是自己的灵魂

请记住一切都是意见。犬儒派的摩尼穆斯所说的话是很明了的，这些话的用途也是很明了的。只要我们能从这些真实的话语中汲取教训就好了。

首先，当人的灵魂变成了宇宙中的一块烂疮之时，或者说，当它可能变成一个累赘之时，人的灵魂的确在摧残自己。为已经发生的事情烦恼，就是在脱离自己的本性，这是让其他别的事物的本性混合在了这一本性当中。其次，当被人排斥或者是恶意攻击的时候，那些愤怒的人的灵魂就在摧残自己。第三，当被快乐征服，或者被痛苦压倒的时候，人的灵魂就在摧残自己。第四，当扮演某个角色，言行不是出自真心的时候，人的灵魂就在摧残自己。第五，当允许肉体漫无目的地游逛，做事情不假思索和不辨真假的时候，人的灵魂就在摧残自己。因为，甚至连最小的事情也只有在符合目的的情况下来做时才是正确的，而理性动物的目的就是要遵循理性，和最古老的城邦和政府的律法。

死亡是自然的本性，以愉悦的心情面对死亡

在人生中，时间就是转瞬即逝的一个点，实体处在流变之中，知觉总有不足之处，身体构造也易于分崩离析，灵魂宛如打转儿的旋涡，命运无法被占卜，声望也并非来自明智的判断。总而言之，身体的一切仿若匆匆流逝的水流，灵魂的一切也只是一场梦幻，生命是一场战争，生命是一个过客的旅途居所，所有的好名声在我们死后也会迅速被人遗忘。那么，人们靠什么来指引呢？答案是：唯有哲学。这种引导就在于：哲学让我们心中的神不受摧残，让我们免于受伤害，免于痛苦和快乐的侵扰，让我们不做漫无目的的事情，让我们不虚伪、不欺瞒，让我们不执着于需要别人做或者不做什么事情；此外，还让我们接受所有的遭遇，接纳所得的份额，不管这些是什么，因为它们来的地方就是我们自己出发的地方；最后，以愉悦的心情面对死亡，死亡也不是什么别的东西，只不过就是组成生物的元素又分解了而已。既然在事物不断变化的过程中，其组成元素本身并没有受到损害，那我们对这些元素的变化和分解又有什么好忧虑的呢？死亡是合乎自然本性的，而合乎自然本性的东西都不是什么恶。

工作与社会利益

把时间和精力用在公共利益上

当你并没有把你的思考贡献给实现公共利益的某个目标时，不要把你余下的生命浪费在揣摩别人的心思上。因为，当你想着这种事情时，你就失去了做许多别的事情的机会。这个人在做什么事情，他为什么要这么做，他说了什么话，想了什么事，他在争论什么。将注意力放在这些事情上，会使你忘记去关注自己的支配能力。所以，我们应该抑制思想中一切漫无目的和毫无价值的思考，也要抑制对别人的诸多好奇和恶意的揣度；每个人都应这样去思考：当别人突然问“你正在想什么？”时，他都能够十分坦白地直接回答出“正在想这个或那个”，并且所说出的话语应该能清楚地表明：心中所思考的一切都是纯朴和仁爱的，都是对社会有益的，全然没有关注快乐或感官上的享受，没有什么敌意、嫉恨和猜疑，也没有任何别的说出来会感到羞愧的念头。

一个能立即如此回答这个问题的人是归属于最好的人之列的，犹如神的使者，他在运用植入他内心深处的神性。这神性使他不被享乐污损，不被痛苦伤害，远离任何结果的冒犯，远离心灵上的罪恶感，让他成为最高尚的战斗中的战士。这样的人不为任何情绪所动，只求正义垂范，欣然接受所有的遭遇和命运配给的份额。这样的人并不经常为了公共利益去揣摩别人的言行和想法，只是在十分必要的时候偶尔为之。因为唯一取决于他的是他为自己的行为做出的选择，所以他总在思考什么才是从事物的总体中分配给他的那一份，思考着如何使自己的行为正义，并让自己相信分配给他的那一份对他而言是恰好的。分配给每个人的命运是由每个人自己把握的，同时，命运也把握着他。这样的人谨记所有理性动物都是自己的同胞，他知道关心所有的人正符合作为一个人的本性，也知道不应当盲目听从任何人的意见，而只听从那些清醒地按照本性生活的人的意见。那些不按照本性生活的人，他们有各种表现，在家一个样儿，外出一个样儿，白天一个样儿，晚上一个样儿。对于这些人，他会知道他们做什么工作，和什么样的人混在一起过着混乱的生活。相应地，他一点儿也不看重来自这一类人的赞同，因为这些人连对自己都没有满意过。

不要不愿意工作，不要藐视公共利益，不要掉以轻心，不要三心二意，不要在学问上浮夸而没有思想，也不要做聒噪或者庸碌的人。并且，要让你心目中的神性守护着你，守护着你生命的存在，守护着你勇敢地介入政治并且成熟起来，守护着你成为一个真正的罗马人，守护着你成为统治者。这个统治者接受了自己的职位，就像等待到了命运召唤的信号，他无需宣誓仪式，也无需别人的佐证。他欣然接受这命运的召唤，不用寻求外在的帮助，也不需要借助别人才能得到心灵安宁。这样的话，这个人就必然是自己笔直地站立，而不用让别人扶着。

以理性引导工作

不要把以下的事情看作是对你有利的：使你违背诺言、丧失尊严、怨憎他人、猜疑、苛责、虚伪以及需要通过掩饰来满足的欲望之类的事情。

热爱理性胜过其他的人，他不会扮演悲剧的角色，也不会牢骚满腹，既不需要独处，也不需要有很多伙伴环绕；最为重要的是，他在人生中既不会因受到死亡的诱惑而自杀，也不会逃避死亡的到来；他的灵魂究竟能在躯体中寄寓多久，他对此是毫不在意的。即便他必须马上去死，他也会从容赴死，就好像他要去做的是别的正派或体面的事情那样；在整个人生过程中，他只关注这一个事：他的思想不要离开理性，不要离开公共利益。

在磨炼过和净化过的心灵中，你找不到任何腐朽，也找不到任何不洁之物以及创伤。当命运召唤他离开人世时，哪怕人们说他像剧终前就离开舞台的演员一样，他的生命也并不会因此就不完整。另外，他的心中没有一点儿奴性，没有一点儿矫揉造作。他不会紧紧地依附于身外之物，也并非与它们毫无联系；他从来不指责什么，也从来不逃避什么。

当你去做摆在你面前的工作时，你要认真对待，要以正确的理性引领，要精神饱满，要平静如常地对待，不要分心于其他任何事情，要保持你自身的神圣纯洁，就像你必须要把它直接归还一样；如果你坚持了这些，那就能无所欲求，也无所畏惧，就会满足于你现在这种合乎本性的活动，满足于你说出的字里行间的无畏的真诚，这样你就会生活得幸福。并且，无人能阻止。

安宁就是心灵的井井有条

安宁就是心灵的井井有条

人们寻求隐退自身，寻找一种隐居于乡之野、山之林或海之滨的生活。你对这些事情也颇为向往和渴望。但是这种隐居想法完全就是凡夫俗子的一个标志，这是因为，是否安宁完全取决于你自己的内心，而非取决于你身在何处。一个人退到任何地方都不如退入自己的心灵，那样更为安宁和更少烦恼。只要是他心里有退入心灵这种想法，通过思考这种隐退，他就能马上进入心灵的完全的安宁。我一直认为：安宁就是心灵的井井有条。那么，请你不断地做这种隐退吧，净化你自己，让你的原则既简单又根本；这样的话，一旦你诉诸这些原则，就足以彻底地净化你的心灵，让你卸下所有不满而重返家园。你对什么不满呢？是对人们的恶行不满吗？那就在心里记住这样的一条原则吧：理性的动物是相互依存而生的，忍耐就是正义的一部分，人们作恶是因为无知；再想一想，有多少人相互敌视、相互猜疑、相互仇恨、相互斗争，他们随之死去，一切烟消云散；想一想这个，会让你安静下来。

但也许，你是不满于命运给你的配额，那么请你转而记住这样的一条原则：世界要么是以神的形态存在，要么是以原子的形态存在，即以物质的偶然结合而存在；或者想一想那个已被证实的论断，即世界就是一个政治共同体；这最终会让你平静下来。但也许你还是深陷于有形的事物之中，那就进一步考虑下这条原则：心灵一旦与身体区分开，并发现它自己的力量，那不论是在平缓还是在激烈的活动中，它都不会把自己与呼吸相混淆；再想一想，当你身处痛苦和快乐时，所有你听到的和表示同意的；你终将会安静下来。但也许折磨你的，是对于所谓好名声的渴望，那么就看这一条：一切事物都会被迅速遗忘；看一看过去和未来的无限混沌；看一看赞美言辞的乏味，看一看假意去赞美的人们，他们的判断何其多变和贫乏，被赞美的事物多么的狭隘；终于你还是安静了下来。整个地球不过是一个点罢了，你居住的地方又不过是地球上的一个小而又小的角落，它上面能有多少东西呢？既然如此，你想一下究竟是什么样的人才会对你大加溢美之辞呢？

还要牢记下面的话：当你隐退入你自己的心灵这片小小疆域时，尤其要注意的是不要让自己三心二意或紧张兮兮的，而是要保持一种自由自在的状态，作为一个独立的人，一个存在着的人，一个有着公民身份的人，一个必有一死的人那样去看待事物。在你旁边，容易被你遇到和注意到的事物，就让它们在那吧，无非是以下这两种东西：一种是与心灵无关的，它们是心外之物，是不可改变的，不过只有内心关于它们的意见才会使我们烦恼；另一种是世间的一切这个整体，你对此看到的是瞬息万变、稍纵即逝。请你始终记得，你已目睹过多少这样的世事变迁。宇宙是变动不居的，生活中充满了各种意见。

不必因自然之事而羞愧

生殖同死亡一样，都是自然的奥秘，都是同一些元素的组合与分解，人们完全不必因这些事情而感到羞愧。不因此羞愧并不违反一个理性动物的本性，也不违反我们自身的构造之理。

依照原则并遵从理性

抛开你的意见，那么你就不会再有“我受到了伤害”这种抱怨；而抛开了“我受到了伤害”这种抱怨，这个伤害本身也就烟消云散了。

不会使一个人变坏或堕落的东西，也并不会使他的生活变得糟糕；那既不会对他的外在，也不会对他的内心造成损害。

应该把以下两条规则作为每个人的座右铭：一条是只做理性能力建议你做的、对人们有益的事情，理性能力是起支配作用和立法作用的；另一条是如果身边有人帮你正确认识事物，使你摆脱了意见的束缚，那你就改变自己的意见吧。不过，改变意见只能是因为被说服，就像说服你什么是公正，或者说服你什么是合乎公共利益之类的问题一样；而不能是因为做这种改变似乎令人愉快，或者这种改变能带来什么声望。

如果你能回到依照原则并遵从理性的生活中去，过不了多久人们就会觉得你如同一尊神；而现在在他们看来，你不过如同一头野兽或一只猿猴。

忽略外界评价，专注于自己的道路前行

在你做每一件事时，不要好像觉得自己能活千八百岁一样，死亡随时盯着你呢。所以，当你还活着，当你还有能力行善的时候，你就去行善吧。

不要去打听你旁边的人说了什么、做了什么或者在想什么，而只把注意力放在你自己做的事情上，只去关注那些正义和纯洁的事情；或者就像阿伽松（雅典悲剧诗人）所说的，不去围观别人的道德堕落，而只专注于自己沿着正直的道路前行，那么就会为自己免去诸多烦恼。

执着于死后英名的人没有想过，那些追忆他的人自己过不了多久也都会死去，接着是他们的子孙也会死去，直到那崇拜着前人的人都死去了，所有的记忆也就终归湮没无闻。但是，假如说那些追忆他的人能够长生不老，因而这记忆也将永不湮灭，那么这又意味着什么呢？这里并不是说对那个被追忆的已死之人意味着什么，而是说对那个长生不老的活人意味着什么。所谓对死人的赞美，既然已经丧失了它的现实用途，那还有什么存在的必要呢？这样的做法无异于不可理喻地拒绝了自然的这一长生不老之恩赐，反而去关心起那些别的无关紧要的事情来了……

美只存在于事物本身

所有在各方面都美的事物，它本身就是美的，它的美是归属于它自身的，赞扬它的美并不属于它美的一部分。因此，被赞美并不能使一个事物变好或者变坏。我确信这个道理也适用于被一般人称为美的事物，诸如物质的东西或者艺术作品。真正美的东西，除了法理、真理、仁爱以及节制，并不需要任何别的东西。在这些东西中，有哪一个是因为被赞美了才美的？有哪一个因为被贬低了就变丑了吗？就像一般人所说的，祖母绿宝石、黄金、象牙、锦衣华服、七弦琴、锋利的匕首、鲜花乃至灌木丛这些东西，难不成无人称羡就变坏了吗？

啊，宇宙！那一切与你和谐的事物，也同样与我和谐。那对你来说不早不晚的一切事情，对我而言也是合乎时宜的。啊，自然！你一年四季带来的所有物产，对我们而言都是果实；

所有的事物都是从你那里来的，最后也都回归到你那里去。诗人会吟诵：亲爱的西克洛普（传说中雅典的第一位王）之城；而我是否也要说：亲爱的宙斯之城？

任何行为都不要无目的地做出

哲学家教导我们：若要安静，切勿多事。但是请想一想，这样说是否会更好：只做必要的事情，也就是说合乎社群性动物的理性所要求的所有事情；并且要遵照理性要求的那样去做。这样不仅会带来做事恰当而产生的安宁，还会带来做事不繁杂而产生的安宁。我们所说的和所做的绝大部分事情都是无关紧要的，如果摒弃这些多余的行为，就会有更多的闲暇，麻烦也会减少。所以说，每做一件事情时都应该问问自己：这件事是不是必须要去做？不仅应该取消那些不必要的行为，而且还要抛开那些不必要的思考。如此一来，就不会去做那些无聊之事了。

你现在看到这些事情了吗？还要注意观察一下这些事情的另一面。不要因纷扰而乱了心神，你要保持心灵的纯净。有没有人对你做坏事？那他也是在对自己做坏事。你有遭遇什么事情吗？那好，你的际遇在宇宙亘古以来发生的一切里早已为你安排好了，你是这宇宙织物中的一环。总而言之，你的一生是短暂的。你必须要凭借理性和正义，专注于当下的事情；你在休息的时候也要保持头脑的清醒。

这个宇宙要么是井然有序的，要么是如混沌般乱成一团的，但这依然是一个宇宙。但是，如果大而全的整个宇宙都是混沌无序的，在你的内心里却存在着某种秩序，这怎么可能呢？如果所有的事物都是这样相互分离又各自为政，却能和谐共振的话，那么在你的心中也就有了某种秩序。

就一个没有一件外衣的哲学家，和另一个没有拥有一本书的人而言，后面这种人才是真的半裸的人。哲学家说："我没有面包，但我与理性同在。"他的意思就是，我虽然没有从我的学识中获取衣食，但我有理性就足够了。

坦然直面并接受不幸

热爱你所研习的这种技艺吧，尽管它可能不会使你解脱物质的贫乏。满足于这件事情，这样去度过你的余生；如此的话，你就不会成为任何人的暴君，也不会成为任何人的奴隶。

我怎么遭遇了这种事，我真是不幸啊。——不要这样去想，而要这样去想：虽然这种事发生在我身上，我依然是幸福的。因为，痛苦与否是我自己的自由，我不会被现在发生的或即将到来的恐惧压倒。每个人都有可能会遭遇这种事，但不是每个人在这种情况下都能让自己始终不痛苦。那么，为什么我遭遇的是不幸之事，而不是幸运之事呢？在任何情况下，你都将那并不偏离人的本性的事情称为不幸吗？当一件事情并不能违背人的本性的选择时，你会将之视作对人的本性的偏离吗？那好，你已了解自然的意志。你所遭遇的这事，有没有阻止你成为一个正直、宽容、节制、谨慎以及不受轻率意见和谬误影响的人呢？难道它妨碍你去拥有节制、自由以及其他一切好的品质了吗？正是从这些好的品质中，人的本性获得了属于它自己的东西。在任何可能使你烦恼的情况下，都要记住去采用这一原则，即这并不是什么不幸之事，反而，能够去坦然直面并承认它是一件有幸之事。

没有从不改变的人，只有从不改变的原则

遵循你自己的本性和共同的自然法则

当早晨你不愿意从床上爬起来时，请想一想：我要起来去做一个作为人的工作。既然我要去做我因之而存在、因之而生在这个世界上的工作，那么我还有什么不情不愿的呢？难不成我生来就是为了躲在温暖的被窝里睡大觉的吗？——但是这样更快活啊！那么，你活着难道是为了享乐，而根本不是为了有所作为和竭尽全力吗？难道你没有看到，就算是一株矮小的植物、小鸟、蚂蚁、蜘蛛、蜜蜂都在工作着，一起有条不紊地尽着它们各自在宇宙中的本职吗？你还不愿做一个作为人的工作，还不赶紧做那合乎你本性的事吗？——但是也是要休息的啊！休息确实是必要的，但自然已为此做了限制。自然也为吃喝做了限制呢，然而你还是超过了这些限制，你吃喝的远远超出了身体的所需；你做你的工作时却恰恰相反，你还没做

完你能做的就停下来不干了。所以说，你不爱你自己。因为，如果你爱自己，你就会爱你自己的本性及随之而生的意志力。那些热爱自己技艺的人，都会在各自的工作中尽到自己的最后一份力，甚至废寝忘食。要杂技的艺人尊重杂技，舞蹈家尊重跳舞的技艺，财迷尊重他的钱财，爱慕虚荣的人尊重那小小的荣光，然而，你对自己本性的尊重还比不上这些人。就是这些人，当他们对一件事怀有热爱时，宁肯不吃饭不睡觉，也要让他们在意的事情更完善。那么，在你眼里，有益于社会的工作是让你讨厌的吗？竟不值得你去辛苦劳作吗？

对符合自然的每一个言行，都要判断其是否适合你自身；不要被任何人的话语甚或谴责所影响。同时，如果做或者说某件事是好的，那么就不要认为它是不值得的。因为，每个人都有他独特的指导原则，并遵循他的原则做他独特的事情。你不必关注这些事情，而是要遵循你自己的本性和共同的自然法则，沿着这两条道路直接前行，这两条道路是殊途同归的。

行善事的目的并不是为了让人看到

每当对别人做了件好事之后，有一种人就会把这作为一次恩惠记录在账；另一种人不去记账，不过会在心里记着自己做过的好事，并且把自己做好事的对象认作是他的受惠者；再有一种人，在某种程度上说甚至都不知道自己做的是什么事，就像一株结了葡萄的葡萄藤，它只是结出自己的果实，并不知道自己在做什么。马在奔跑时，狗在追猎时，蜜蜂在酿造蜂蜜时，也都是如此，为善而不自知。所以，做了件好事之后，不应该寻求别人来看，而是要接着做好事，就如葡萄藤在下一年继续结葡萄一样。（下面是这段中的简单对话）

——那么，是不是做好事的人都应该不寻求被别人看到吗？

——是的。

——但是，观察一个人正在做的事情也是必须的。因为这样就可以察知到，他确实正在以有益社会的方式在工作，也希望他的同伴知道他那作为社会动物的特征。

——你说的不错，但你并没有理解我们所讨论的。因此，你也会成为我前面所说的那些人中的一个，他们也是被某种貌似理性的思考引入了歧途。如果你愿意去理解我前面所说的话的意义，那就不要去顾虑什么忽略了有益社会的行为之类的事。

天赋人职，在本性生活中寻获安宁

艾斯库拉普（希腊人的药神）在给人开药方的时候，可能会让患者练骑马，或者洗冷水澡，或者赤着脚走路，对此我们是有一定理解的。同样，我们也一定理解下面的说法：宇宙依其本性给人开药方，让他生病、肢体残缺，或者其他诸如此类的事情。在前一种情况里，开药方的意思是，作为可用于获得健康的东西；在后一种情况里它的意思是，恰巧发生于（或适合于）某人身上的事，都是以某种方式为他对症下药的，是与他的命运相适合的。这就是我们所讲的事情适合于我们的意思，恰如工匠把垒城墙或砌金字塔的石头，以某种恰当的方式组合并垒起来的时候，说这些石头刚刚好一样。因为，这就是一个适合、和谐的整体。因为宇宙成为这样一个整体，是由所有的个体恰如其分地构成的；所以，必然性（命运）之所以成为这样一个原因，也是如此，乃是由一个个事情的个别原因一起造成的。

如果你依据正确的原则去做事，却没有每次都成功，请不要厌烦，不要灰心丧气，也不要心怀不满；如果你失败了，那就再从头做起，满足于你所做的大部分事情都是符合人的本性的，热爱你所回到的出发之地。回到哲学，但不要把它当成你的主人，而是把它当成眼疼的人用的海绵和蛋清、膏药或者浸洗眼睛的水。如此一来，你就不会违背理性，而是在理性中得到安宁。请谨记，哲学对你的要求，就是你的本性所要求的。而你身上还有着不符合本性的别的什么东西，你可能会反驳说："为什么这样做没有让人更快乐呢？"但是，这不正是因为快乐在欺骗我们吗？再想一下，宽容、自由、简朴、镇静、虔诚等，是否都不再受人欢迎了呢？请你想一想，当你依赖理解力和认识能力去做一切事情时，那段稳妥和幸福的过程中，有什么能比智慧本身更令人愉悦呢？

没有从不改变的人，只有从不改变的原则

各种事物深藏不露，在多数哲学家看来这是不可完全理解的，就算对于斯多葛派哲学家来说也不例外。所有我们达成的一致都在不断变化，哪儿有从不改变的人呢？那么，把每个人的思想都当作一个对象来考察，可能是一个卑鄙小人的思想，一个娼妓或一个强盗的思想，你就会发现有些思想的存在是何其短暂且毫无价值。然后再想一想，那些和你一起生活的人的道德品性，即便是他们中对你最和蔼可亲的，你也几乎容忍不了，更不必说那些对你尖酸刻薄的人了。那么，在这一片漆黑和污秽肮脏中，在这变化无常的物质世界和时间推动的洪流中，还有什么东西值得极力推崇或认真追求吗？我无法想象竟有这样的东西。不过相反的是，顺应身体变化，等待身体的自然分解，不为它的姗姗来迟而烦恼，却是一个人的义务。你只需坚持下述原则就可以得到安宁，即：一是已经发生在我身上的一切事情都并不违背宇宙的本性；二是绝不违背我外在和内在的神而行动，这完全在我的能力范围内，因为没有人能够迫使我违反它们。

那么现在，我应该让自己的灵魂做什么样的事情呢？无论是何场合，我都务必要问自己这个问题：在这一被称为支配原则的部分中，我拥有的是怎样的呢？我现在拥有的是什么样的灵魂呢？是孩童的灵魂吗？还是年轻人、柔弱女人、暴君、牲口、野兽的灵魂？

追求不可能的事，是一种疯狂；让恶人不做这种事情，却是不可能的。

世间万物皆是短暂一瞬，唯有用心方可感受自然

对于人的天性而言，没有什么事情是不可忍受的。不过，同样的事情发生在不同的人身上，他们都承受住了，可能是因为不同的原因；或者是因为他根本不知道这件事情的发生，或者是因为他有一种伟大的精神使他坚定和不受损害。如此说来，无知和欺骗竟然胜过了智慧。这简直让人惭愧啊！

因为我必须对人类行善并忍受他们，就这方面而言，人是与我最亲近的存在。但是，当有一些人阻碍了我的正当行为时，人对我而言就成了那些中性事物中的一员，就如同太阳、风或野兽一般。这些人确实可能会阻碍到我的行动，但是他们阻碍不了我的情感和气度，而这情感和气度是具有调整和改变行为的力量的。因为心灵能够把阻力转变为动力，于是那阻碍行为的东西就变成了对这个行为的推动；这也就是说，道路上的绊脚石反而帮助了我们在这条路上前行。

要时常想一想，世间万物，不论是本来的存在者还是被造之物，都是变化多端、转瞬即逝的。因为实体就如同一条川流不息的河流，事物的活动千变万化，无限的变化中各种原因都在起着作用，几乎不存在静止不动的事物。想一想你身边的事物，它们都会消失在过去和未来的无尽深渊中。那么，为了这些事物洋洋自得或愁容满目，把自己弄得凄凄惨惨，这样的人难道不傻吗？这些事物终归不过搅扰了他一段时间，极短暂的一段时间而已。

别人对你做了坏事吗？那就让他自己去关心他做的事吧。他有他自己的命中定数，有他自己的行为方式。我现在有的，是普遍的本性赋予我的，我只做我的本性要我去做的。

让你灵魂中那作为指导和支配的部分，

不要受肉体活动的扰乱，不论这扰乱是痛苦还是快乐；不要让灵魂和肉体的感受统一起来，让灵魂去设定它自己，不要让肉体的感受影响到灵魂，而要让它们局限于自身。所有的感受都存在于作为一个整体的身体之中，当某些感受通过生而有之的同情而出现在心灵中时，你千万不要去奋力抗拒这种感受，因为它是自然的。你要做的是，不要让心灵的支配部分，去评判这感受是好的还是坏的。

劝诫他人也是医治

有狐臭的人会让你感到生气吗？有口臭的人会让你感到生气吗？你该怎样正确处理这些小麻烦呢？他就是有这样一张嘴，就是有那样一个腋窝。嘴和腋窝产生的那种气味是一种自然的现象。

——但身上有异味的人也是有理性的啊，如果他用心去想一下，就会发现自己为何让别人不高兴了。

——既然如此，我希望你能妥当处理这个问题。你也是有理性的，何不用你的理性能力来推动他的理性能力，向他说明他哪里错了，劝诫一下他呀。

因为，如果他肯听你的话，你就相当于医治了他。但你并没有必要生气，你不是悲剧演员，也不是妓女……

坚持正义的秉性，并去做正义的事情

在你临终的那一刻，你还不想死……所以在你还活着的时候，一切都取决于你自己。但是，如果人们不允许你活着，那么就放弃生命吧，但仍要表现得你并没有因此受到什么伤害。如果这屋子里烟雾弥漫，那我就离开这屋子。但你为什么会认为这让你苦恼呢？只要没有什么诸如此类的东西逼迫我出去，那我就留在这里，自由自在的，没有人能阻止我做我想做的事；而我心甘情愿地去做的事，就是符合理性和社会性动物本性的事。

感觉的对象千变万化，从来就没有停止过；而知觉器官是迟钝的，容易接受虚假的印象；微不足道的灵魂，不过是从血液中散发出来的。如此说来，人生还有什么好留恋的呢？在这样一个世界上，获得的好名声最终不过是一场空。那么，无论死亡是最终的消灭，还是去到了另外一个国度，你何不静静地守候着那生命的结局呢？在结局来临之前，你是否已经做足了准备？除崇拜和赞美神，对人们行善和忍耐，以及自我节制之外，还能差什么呢？至于除卑微的肉体和呼吸之外的其他一切事物，要谨记它们既不属于你，也不在你的能力掌控范围之内。

如果你走的道路是正确的，并且能够正确地思考和行动，你就能在静静流淌的幸福中度过一生。这两件事不论对神的灵魂还是对人的灵魂，都同样适用；对于有理性的灵魂而言，都不会受别的事情的搅扰。认真坚持正义的秉性，并去做正义的事情，这样的话你就能消除各种欲求。

不要不经过思考，就被事物的表象牵着鼻子走。你要去帮助每一个人，但是要根据你自己的能力量力而行，并考虑你的帮助对帮助对象是否合适。如果这些人不过是蒙受了物质上的损失，那么他们的损失就是无关紧要的，不要把这看作是对他们的伤害。总认为物质上的损失就是伤害，这是一种不好的思考习惯。你要向这样的老人学习，当他临终时，他会回忆起抚养孩子长大的时光，想起孩子的巅峰时刻，惦记着这一巅峰时刻而溘然长逝；到你要与世长辞时，你也应该这样做。

不要以自身作为事物的尺度

自身便是你心安之处

如果你是在履行自己的本分，那么，无论你是受冻挨饿还是吃饱穿暖，是昏昏欲睡还是精神振奋，是遭人责骂还是被人赞扬，是以身赴死还是安全无虞，对你而言这些都毫无差别。因为，这不过是一种生命的运动，我们在去往死亡的路上要经过这些活动，只要我们在这些活动中把手头的事情做好，那就足够了。

某些时候，当你因为外在环境的原因而烦恼时，请立刻返回自己的内心；这样尽管外部的压力没有消失，也不会再感到不安了。你将会通过不断地返回自己的内心，而达到一种更和谐的状态。

如果你同时有后母和生母，那么对后母你要负责，对生母你要经常回到她那儿去。那么现在，就把宫廷和哲学当作是你的后母和生母，经常地回到哲学那里去吧，在她那里你会得到安宁；你在宫廷中遭遇到的事情，在她那里得到抚慰，就能够忍受了；而在宫廷中，你要表现出忍耐。

理性的人追求本真的生活而不被表象误导

当肉类食物摆在我们的面前时，我们会得到这样的印象：这是条鱼死后的身体，这是只鸟死后的身体，这是头猪死后的身体，以及这种饮料是一些葡萄的汁液，这件紫红袍是用贝血染色的羊毛。这些印象达到了事物本身，揭示了事物的原本构成，所以我们看到了它们的本来面目。我们在生活中做的一切事情也要按照这样的方式来，对于看似最值得追捧的事情，我们应该透视它们，剥去其溢美之词，这样就能看到它们的无足轻重。表象会巧妙地误导理性，你越是相信你从事的工作值得你奋斗，你就越可能被蒙蔽。

普罗大众追捧的许多事物都是极其普通的东西，是通过凝聚或自然组织而结合在一起的东西，诸如石头、木料、无花果树、葡萄树和橄榄树。较为理性的人追捧的事物，是由生命的原则组织起来的事物，诸如家畜群、野兽群。有相当教养的人追捧的事物，则是由理性的灵魂组织起来的事物，但这并不是普遍的灵魂，而是其中经过某种技艺或方式训练过的具有理性的那部分灵魂。而那看重普遍性且适合于政治生活的人，会高度尊重理性的灵魂，除了下述事物，他什么都不会追捧：超越于所有事物之上，使其灵魂保持在符合理性和社会生活的状态和活动中，并与同他一样的人合作达到这个目的。

按照你的本性塑造你自己

植物的叶表蒸发并不值得我们重视；家畜和野兽的呼吸也不值得重视；从事物的表象得到观念，被欲望推动如同木偶一般，将兽群聚集起来，从食物中获取营养，都并非是值得重视的事；因为这些事情就像我们要切除食物不能吃的那部分一样。那什么事情值得重视呢？是众口称赞的那些事情吗？非也。多数人的夸赞不过是一种口头上的看重，我们绝不能随波逐流。假设你舍弃了名声这种毫无价值的东西，那还有什么是值得重视的吗？我的看法是，按照你的本性塑造你自己，聚精会神于所有的职业和技艺都指向的那个目标。

所有的技艺都会指向一个共同的目标，技艺所要做的都应适应于它所被设定的工作；种葡萄的、驯马的、练狗的，都追求着这共同目标。教育和训练年轻人也是出于这同一个目标，教育和训练的价值正在于此。如果这目标是好的，那么你不必再追求任何别的东西。难道你还要追捧许多别的东西吗？如果那样做的话，你就会不自由，不会知足于自己的幸福，也不会从各种欲念中解脱出来。因为你会去嫉妒和吝啬，会猜疑那些可能会夺走你东西的人，还会筹谋陷害那些拥有你所追捧的东西的人。想要把那些东西都收入囊中的人，必定会陷入焦虑不安的状态，甚至，他必定会常常怨天尤人。看重和追随你自己的心灵，这将使你满足于自身，与社会相和谐，并赞美命运给予你和给你安排好的一切。

切莫看重身后之名

人们的行为何其怪诞：不去赞扬与自己同时代、与自己一起生活的人，反而很看重被子孙后代赞扬，看重被那些自己从未见过或永不会见到的人赞扬。这同你竟因为前人没赞扬你而感到悲伤一样，是极其可笑的。

不要以自身作为事物的尺度

如果有件事你无法完成，不要认为别人也不可能完成。如果有件事是别人能够完成的，且是合乎他的本性的，那么这件事对你而言也并非不可能完成。

学会避开那些我们讨厌的人

假如说，在体育竞技中有人用指甲戳伤了你的皮，或者撞伤了你的头，那么我们是不会有很神经质的反应的，不会以为这人要杀了我们，也不会怀疑他是个不值得信任的对手；虽然我们会提防他再弄伤我们，但是不会把他当作是敌人，也不会猜疑他，而是对他敬而远之罢了。对于生活中的所有其他事情，请你也照这样去做吧，就像对待竞技场上的对手一样，不要去猜疑那样的人们。因为，正像我说的，避开他，且不带丝毫的猜疑或仇恨，这是我们力所能及的事情。

做好属于自己的事

如果有人能够使我相信，并向我证明，我的思考和行动并不正确，那么我会心悦诚服地改变我自己；因为我寻求的是真理，而真理不会伤害到任何一个人。反而是坚持错误和无知的人，会因不知改变而受到伤害。

我在履行我的义务时，其他的事情不会干扰到我，因为它们或者是无生命的，或者是没有理性的，或者是走上了歧途或迷途的。

对于没有理性的动物以及其他诸种事物而言，因为你有理性而它们没有，所以你要大度和慷慨地对待它们。对于人而言，因为他们有理性，所以你要友爱地对待他们。

如果有人问你：“‘Antoninus’（安东尼）这名字怎么拼写？”你会很不耐烦地给他一个个字母地拼出来吗？如果他们对你很恼火，你也会对他们恼火吗？难道你还会镇定自若地继续拼出剩下的字母吗？在生活中也是如此，要记住每项义务都是由一个个部分组成的，按顺序一个个地去完成就是你的义务，对那些生你气的人也不要烦躁和恼火，只管继续走你的路，完成你面前的工作。

在人们看来是合乎他们本性和有利的事情，却不允许他们去奋力追求，这何其残忍！但是如果他们做坏事让你烦恼，还是要以某种方式制止他们做这些事。他们被鼓动去做这些事，实际上是由于他们自以为这些事合乎他们的本性，且对他们有利，然而事实并非如此。因此，要教导他们，心平气和地向他们证明他们的错误所在。

灵魂先于肉体衰老是一件令人羞愧的事

死亡是感官印象的终止，是欲望涌动的中断，是思想散漫运动的停息，是对肉体服务的终结。

这让人深感羞愧：当你的身体还没衰老时，你的灵魂在生活中就先衰退了。

看见当下事物的人也看见了一切

我是由一个微不足道的身体和一个灵魂构成的。对这微不足道的身体而言，一切事物与它都毫不相关，因为它感觉不出其中差别。但是，对于理智而言，只有那些不是它自身活动结果的事物，才与它毫不相关；而所有作为它自身活动结果的事物，都在它的能力范围之内。不过，在这些事物中，只有那些当下正在做的事情在其掌握之中，因为当下正在做的事情与心灵的将来和过去也是毫不相关的。

亚洲和欧洲只不过是宇宙的一个小小角落，所有的海洋只不过是宇宙的小小一滴，阿索斯山只不过是宇宙的小小一块，所有现存的时间只不过是永恒中的一个点。一切事物都是渺小的、变动的、会腐朽的。所有的事物都是从宇宙的统治力量中直接产生，或作为后继而出现的。所以说，狮子的血盆大口、荆棘、淤泥等一切有害的东西，都是辉煌壮丽的事物的副产品。因此，不要以为这些都是同你尊崇的事物完全不同的另外一种事物，对所有事物的诞生之源都要有正确的认知。

看见当下事物的人也看见了一切，包括自古以来的所有事物，以及未来永继的所有事物，因为一切的事物都属于同一个系统、同一种形式。

如果把超出你能力范围的事情判断为好的或坏的，那必然会如此：当你遭遇了这样的坏事或错失了这样的好事，你就会怨天尤人，认为是他们造成了这不幸或损失，甚至只因对他们有所猜疑就去憎恨他们。我们把这样的事情认为是好的或者坏的，实际上导致我们做了许多不正义的事情。如果我们只把在我们能力范围内的事情看作是好的或者坏的，那就也没有理由去挑剔神灵，或者对他人抱有敌意了。

只有自己的行为会对自己产生影响

如果你想让自己快乐，那就去想想和你一起生活的同伴的好品行，比如某个人积极向上，另一个人谦虚谨慎，再一个人慷慨大方，诸如此类。因为，当我们的同伴成为德行的榜样，并不遗余力地展现其美德时，还有什么能比这更让人快乐呢。因此，我们必须把这些榜样放在我们的面前。

一个追逐名声的人，会把别人的某个行为看作是有利于他自己的；一个追逐快乐的人，也会把别人的某个行为看作是有利于他自己的感官的。然而，理性的人则只把他自己的行为看作是有利于他自己的。

对一件事不发表任何意见，以免我们的灵魂受到扰乱，这是在我们能力范围之内的事情。因为事物本身并不具备某种自然的能力，迫使我们形成判断。

对蜂群不好的东西，那对其中任意一只蜜蜂也不好。

如果连水手都责骂舵手，或者连病人都责备医生，那么，舵手还能保证船上的那些人的安全吗？医生还能保证他诊治的那些病人的健康吗？

以做适合于社会且有利于社会的事为目标

每个人都是有价值的

什么是恶？它其实司空见惯。无论发生什么事，都要牢记：恶是司空见惯的。你在四周一切地方都能发现它的存在，同样的恶充满了远古时代的历史、中间时代的历史和当下时代的历史，也在现在的城市和家庭中处处可见。恶不是什么新鲜的事情：所有事情都似曾相识，且转瞬即逝。

无聊的展览，舞台上的演出，兽群，舞刀弄枪，投向小狗的骨头，撒在鱼塘的面包屑，蚂蚁的不辞劳苦和搬来搬去，被惊吓的老鼠四下奔逃，用线牵的木偶，诸如此类。处在这类事物之中时，就要表现出善意的幽默，而不是高人一等的姿态，这是你的职责。无论如何要知道每个人都是有价值的，他忙碌的每件事情也都是有价值的。

以做适合于社会且有利于社会的事为目标

我的理智能够胜任这份工作吗？如果能胜任，那么我会把它作为宇宙本性给予我的一个工具，好好利用于我的工作。如果不能胜任，那么，或者我放弃这份工作，将它交给能够做得更好的人来做，除非有特别的理由不许我这么去做；或者我尽力去做它，同时接受别人的帮助，这个人要能够依据我的原则，去做恰当且有利于公共利益的事。因为，无论是我自己做事，还是我和另一个人合作做事，都应当以做适合于社会且有利于社会的事为目标。

不要羞愧于接受别人的帮助。因为，你去履行职责，无异于一名战士尽其攻占城池的本分。如果因为你腿瘸了而不能自个儿走上战场，但靠着别人的帮助你就可能上战场了，那么你会怎么办呢？

正如事物是由各个部分统一而成为事物整体一样，各个分散的理性的存在也是统而为一的，因为它们正是为了某种合作而存在的。如果你时常告诉自己说，我是构成理性存在体系的一员（是为了合作而存在），那么你对此就会有更清楚的认识。但是，如果你总是对自己说，我只是人类的一个部分，那么你就没有从心底热爱人们；你也就不会从仁爱中得到快乐；你去行善，就还只是把它作为一件合乎时宜的事来做，而没有达到把它看作也是对自己的行善的境界。

保持健全的理性，不要屈服于身体的诱惑

Eudaemonia（幸福）或者说是一个好神，或者说是一件好事。那么，你在干什么呢？沉迷于幻想吗？如果真的如此，我会以神的名义恳请你离去，因为我不需要幻想。若你还是执意要来，我也不生你的气，只要求你离去。

只有一件事让我苦恼，那就是唯恐做出人的本性不允许的事情——或者以它不允许的方式做了什么事，或者在它不允许的时候做了什么事。

去爱那些犯错的人，这是人特有的本性。当他们犯错时，你要想到他们与你是同胞，他们犯错是因为无知和不自觉，且过不了多久你们都一样会死，你就会那样去做。更何况，犯错的人也没有对你造成任何的伤害，因为他们并没有使你的自由意志变坏。

不要总是想着你没有的和已经拥有的东西，

而是要想着你认为是至善至美的东西，继而思考当你还没有拥有它们时，要怎样积极地追求它们。同时，无论如何都要注意的是，不管你对它们有多么热爱，都不要过分地追捧，否则当你尚未得到它们时，就会感到焦虑不安。

在人的本性构造中，首要的原则就是友爱，其次是不要屈服于来自身体的诱惑。身体不过是理性行为和理智活动确定其范围的一个特殊场所，不要屈服于感官刺激或嗜好，因为这两者都是动物性的。如果理智活动要统摄一切，就不能让其他运动凌驾于自己之上。要保持健全的理性，因为理性天然地就是为了运用于所有的事物而形成的。理性构造中的第三个原则就是：摆脱谬误和欺骗。只要紧握这些原则，让支配能力正直地前行，那么理性就能得到所有属于它的东西。

痛苦并非不能忍受

不管陷于何种痛苦时，都要去这样想一想：这种痛苦没有什么好羞耻的，它并不会让你起支配作用的理智变坏，因为理智是理性的或社会性的，所以痛苦并不会损害理智。当然，在很痛苦的时候，也可以想想伊壁鸠鲁的这些话，会帮到你的：痛苦并非不堪忍受，也不会永久持续。只要你记住痛苦有其界限，只要你不在想象中给痛苦增加什么东西。还要记住的一点是，我们并没有发现，自己把许多不甚惬意的事情也感觉为痛苦，比如瞌睡、燥热和胃口不好；当你对这些事情感到不满时，你就会对自己说：我很痛苦。

所有事物都可以塑造出理性和政治上的美德

自然并没有将你的理智和身体构造混合到这一地步，以至于使你无力克制自己，以及使你无力让你的一切服从你自己的支配；作为一个神圣的人，却不被人认可，这是很有可能发生的。要在心里牢记这句话：幸福生活所需要的东西确实极少。不要因为你无望成为雄辩家，并在自然知识领域中一无所知，就放弃成为一个自由、谦和、友爱和敬奉诸神的人的希望。

在心灵的最大安宁中释放掉所有的压力，这是你能力范围之内的事情；即便全世界的人都在极力叫喊着声讨你，即便野兽把你的这副皮囊给撕成一块块的碎片。处在各种压力中的心灵，是在保持内心的平静中，在对所有周围事物的正确判断中，在对呈现给它的事物的洞察中，坚持着自己；并因此可以对它看见的事物做出判断：你确实存在（是一个实体），不过在人们的意见中你可能呈现为其他模样。对落入手中的事物，还可以判断说：你是我追求的事物，因为对我而言，出现的所有事物都可以塑造出理性和政治上的美德，也就是说，这可以用于属于人或神的技艺训练。因为，所发生的一切事情，要么与神，要么与人，有一种联系，并且绝不是什么新鲜的和难以把握的，而都是有用的和便宜的工作素材。

完美的道德品格来自于，把每一天都当最后一天来过；对于外来刺激，既不激动，也不麻木不仁或者虚以委蛇。

以本性所欲的方式过生活

幸福就是遵循人的本性要求所做的事

像哲学家一样度过一生，或至少度过青年以后的人生，这样去反思大概有助于消除对虚名的欲望；然而这已经超出了你的能力范围，你和许多人一样都十分清楚你是远离哲学的。所以你的生活会陷入混乱，以致难以得到哲学家的名望，你的生活规划也与之不符。如果你真正看清了问题所在，那就不要再这样去想了。用不着去管别人如何看你，只要你以本性所欲的方式度过余生，就可以心满意足了。那么，你就应该专注于你的本性所欲是什么，不要因其他任何东西而分心，因为你已有许多四处漂泊的生活经验，却在哪儿都没找到幸福：三段论中没有，财富中没有，名声中没有，享乐中没有，任何地方都没有。那么幸福到底在哪里？其实幸福就在你遵循人的本性要求所做的事情中。那么该怎么做呢？要拥有作为爱好和行为之来源的原则。什么样的原则呢？有关善和恶的原则，即没有什么东西于人是善的，除非它使人公正、谦和、勇敢和自由；也没有什么东西于人是恶的，除非它使人沾染与前述相反的品质。你要深信这一原则。

不要抱怨生活

即便你没有闲暇或没有能力去阅读，你也有闲暇或有能力去阻止自己的傲慢，有闲暇去超越快乐和痛苦，有闲暇去超越对虚名的追逐，有闲暇不要去因愚蠢和忘恩负义的人而苦恼，甚至理都不要理他们。

不要让任何人再听到你对宫廷生活或对自己生活的抱怨。

如果一件事是取决于你的，为何不做呢？如果是取决于别人的，那又有什么好抱怨的呢？你抱怨的要么就是原子（的组合），要么就是诸神。不论抱怨谁，都是愚蠢的行为。绝不要抱怨任何人。这是因为，如果你能够的话，就去改变事情的起因；如果你不能够的话，那至少去改变事情本身；如果连这你都做不到的话，抱怨又有什么用呢？做任何事情都是要带着目的去做的啊。

常常对自己这样说，就会让你保持清醒：“不让任何恶、任何欲望或纠结进入我的灵魂，当下这是在我自己的能力范围之内的；观察所有事物使我看见了它们的本性，我运用的每一件事物都是根据它的价值。”——请牢记这自然赋予你的能力。

使你感到痛苦的是你对事物的判断

不要去畅想自己的一生，这会让你困扰。不要去想那些所有可能遇到的困扰，而要在任何一种情况下都问问自己：在这种情况下到底有什么不能忍受的，以及到底有什么过不去的？不要羞于承认。然后还要记住，无论是将来还是过去，都不会使你痛苦，使你痛苦的只有现在。如果你去限制它，这痛苦就将缩小成一个点；如果你连这点儿痛苦也抵不住，那就去责怪你自己的心灵吧。

如果外在的什么事物让你感到痛苦，那么使你痛苦的不是这个事物本身，而是你对它的判断，现在是否摆脱这个判断完全取决于你自己。因为，如果在你自己的意见里有什么东西让你痛苦，那么谁又能阻止你改变自己的意见呢？即使你是因为没有去做某件你觉得正当的事情而深感痛苦，那么，为何你不索性去做这件事，而是在抱怨呢？有什么不可逾越的障碍摆在你面前吗？有的话就不要为此伤怀了，因为不做这件事的原因不在于你。但是，要是不去做这件事的话，活着就没什么价值了呢？果真如此的话，就毫无怨言地放弃你自己的生命吧，就像那活够了的人死而无憾一样，对那作为障碍的事物也欣然面对。

宇宙的精妙在于能从腐朽的事物中创造出新的东西

这根黄瓜是苦的——那就丢掉好了。这路上有荆棘——那就不走它好了。这样做，已经足够了。不要再多做什么，不要问为什么这世界上会有这种东西。如果你这么做了，你会被熟知自然的人笑话，就像你在木匠和鞋匠的店铺里因为发现了刨花和碎料而责怪他们，会遭到他们的奚落一样。不过，他们还留有放这些刨花和碎料的地方，而对于宇宙而言，根本就没有这多余的空间，但是，宇宙的艺术中最精妙之处就在于虽然她对自身有限定，但她能把内部看起来是腐朽、衰老和无用的一切东西转变为自身的，并从这些东西中重新造出原来那样的新东西，而且她不需要任何外来实体的帮助，也不需要留一个可以存放腐烂废弃物的地方。因此说，宇宙完全满足于其自身的空间，满足于其自身的质料和自身的艺术。

使你的生活井然有序

行动不要懒懒散散；言谈不要条理不清；思想不要不着边际；灵魂不要陷入内斗外争；生活也不要忙碌不堪以至于没有闲暇。

假如说人们要杀死你，把你剁成碎片，诅咒你，那么，这些事情能够阻止你的心灵保持善良、理智、清醒和公正吗？就比如说，如果一个人站在清澈纯净的泉水边诅咒它，那么这清泉绝不会因此就涌不出可饮用的泉水；如果这个人竟把泥土或污物丢到它里面，那么这清泉也会迅速地冲散它们，洗净它们，而并不会被其弄脏。那么，你怎样才能在心中拥有一泓永恒的泉水，而不仅仅是一口窄井呢？只要时时刻刻地塑造你自己，达到与满足、朴素和谦逊融为一体的自由即可。

每个人的不幸并不会互相影响

不知道世界到底是什么的人，也无从知晓自己身在何处。不明白世界为什么目的而存在的人，不仅无从知晓自己到底是谁，也不知道世界是什么。而对这些事都一无所知的人，他甚至说不出自己为什么而活着。那么，你会怎么看待那些对他人的赞美无欲无求，以及极力追寻别人的喝彩这两种人呢？你又会怎么看待那些不知道自己身在何处，或自己是谁的人呢？

你希望得到每小时自责三次的人的赞扬吗？你希望取悦一个连对自己也深感不悦的人吗？一个后悔他做过的几乎所有事情的人，会悦纳自己吗？

我身边之人的自由意志与我自己的自由意志是毫不相关的，正像他的呼吸和肉体与我毫不相干一样。虽然我们被自然造出来，就是要彼此合作的，但是我们每个人的支配能力都有着各自的活动空间，否则的话，我身边之人的恶就会变成我的恶了，而神造我们并没有此种打算，所以我们各自的不幸也并不相互影响。

遵循自然而发生的事

遵循自然而发生的事

不要藐视死亡，而是应该欣然接受，因为这是遵循自然而发生的事情。如同从年少到变老，从长大到成熟，还有长牙齿、胡子和头发变白，怀孕、生育和抚养，以及其他诸如此类，你生命的周期所带来的自然变化，都是如此，你的分解消亡也不例外。对此反思过的人会这样去做：不轻率或烦躁地对待死亡，或者藐视死亡，而是把死亡当作自然的一个行为，静候着它。就像你等待着孩子从妻子的子宫里分娩出来一样，也这样去等待着灵魂脱离你这具皮囊的那一刻。如果你想要能触及心灵深处的那种抚慰，那么请你去观察你将与之分离的物体，观察你的灵魂将与之分离的那些人的德行，你就会坦然面对死亡。

持有相同原则的事物会聚集到一起

因人们的过错而发怒，肯定是不正确的，关心他们、默默地忍受他们才是你应该做的。但也要记住，你并不是要离开那些跟你持有同样原则的人。因此，如果有什么能让我们改变想法的事情的话，那么唯一能使我们转而留恋生命的事情是：允许我们跟与我们持有同样原则的人一起生活。然而，你现在看到的是：那些生活在一起的人们纷争不断，从中产生的烦恼何其多，以至于你竟可以说出这样的话来，“快来吧，死亡，免得我迷失自己”。

享有相同特质的事物都倾向于朝一处聚集，所以具有土属性的事物都倾向于朝大地聚集，具有液体属性的事物都倾向于朝着一个方向一起流动，具有气体属性的事物亦然，以至于要用某种力量才能把它们分开。火苗往上蹿，是因为它所包含的火元素本性如此，而且它随时会与旁边的火连成一片，以至于会烧着所有干燥、易燃的物体，因为这些物体所含有的阻止燃烧的东西很少。同样的道理，每一个分享有共同理性的东西，也有以同样的方式朝向同类的倾向性，甚至其倾向性更强。它与其他事物相比更显高级，同样它也相对来说更愿意和同类的东西相互连接或融合。所以，我们在没有理性的动物中也发现了成群的蜂、成群的畜、鸟对雏的养育乃至某种意义上的爱；甚至动物的身上也有灵魂，那种把它们聚到一起的力量看来是在更高级的层面上活动的，而在植物、石头块中并没有发现这种现象。

在理性动物中，还有着政治组织和友谊、家庭和公众集会，也有战争、谈判和休战等。但在更高级的存在那里，即便它们看起来相互分离，也还是以某种方式达到了统一，就如同天上的星宿一般。所以，当达到这种更高级别的倾向性时，甚至相互分离的事物中也会产生出共鸣。看看所有这一切的现实吧。目前理性的动物竟忘记了这种对彼此的向往和趋向性，只在他们那里看不到一致行动的行为。但是，即便有再多的人尽力回避这一种结合，他们还是会被这种结合的本性所吸引和制约，因为他们的社会本性太强了。你只要观察一下，就会明白我说的是事实。因此，你会发现，相比于人与人之间的决裂，任何属土的事物和其他非土的事物的结合还要来得更快些。

理性行为体现在主动的活动中

有理性的社会动物的善和恶，不是体现在被动的活动中，而是体现在主动的活动中；正如他的行善和作恶不是指被动的行为，而是指主动的行为一样。

对于被往上抛的石块来说，它落下来并非是一种恶，而它被人携带前行也并非是什么善。

要把时间用在考察你自己的支配能力、宇宙的支配能力以及你身边之人的支配能力上。你自己的支配能力，你要把它用在正义的事情上；宇宙的支配能力，你要知道自己是它的一部分；身边之人的支配能力，你要弄清楚他的行为是出于无知还是有知，要知道他的支配能力与你的类似。

因为你自己是社会体系的一个构成部分，所以你要让自己的每一个行为都成为社会生活的一个构成部分。然而，如果你的行为与社会共同目标没有什么直接或间接的联系，那就会割裂你的生命，打破它的统一性，对你的本性就是叛逆性的，正如在公共集会上，一个脱离共同协议而自行其是的人一样。

做本性要求你做的事

宇宙的本原就像是冬天里的一道寒流，它把所有东西都随之带走。所有那些参与政治事务，却自以为自己仍是哲学家的人，何其可怜而又毫无价值！还有那所有的使役者也是一样。所以说，人啊，做你本性要求你现在做的事情吧。如果是你力所能及的，那就投入行动中去，不要顾盼别人的关注，也不要寄希望于柏拉图的理想国。哪怕是很小的一件事做得很好，也要心满意足，能做到如此这般，本身就不再是小事了。谁能够改变人们的意见呢？如果不改变意见，又如何能摆脱那种佯装服从、实则抱怨的奴隶状态呢？现在来说说亚历山大、菲利普和法拉兰的狄米特列斯吧。他们依然需要去判断，自己是否发现了共同本性所要求的事情，并据此来训练自己。如果他们的行为如同悲剧中的英雄，那么人们就不能指责我以他们为榜样。朴素和谦和是哲学的本分，我不能走偏到懒惰和傲慢的路上去。

人天生就是为行仁爱之举而构造的

当别人的无耻行为冒犯到你时，立即问自己：世界上没有无耻之徒可能吗？这是不可能的。那么，对于不可能的事就不要提什么要求了吧。这个冒犯你的人，就是那些必然存在于这世界上的无耻之徒中的一个。当你碰到骗子、背信弃义的人以及其他所有以某种方式作恶的人时，你都要这样去想一想，这样你就能提醒自己不存在这种人是不可能的，这样你对每个人的态度就会变得更和善。在这种情况下，想到下面这一点也是有用的：自然将什么样的德行赋予了那对抗一切邪恶行为的人。自然赋予了人某种特别的能力，作为抵制愚蠢、疯狂以及其他恶行的解毒剂。在任何情况下，你都能劝导迷失的人并让他们找回正确的方向，因为每个做错事的人其实都是迷失了目标而误入了歧途。此外，还有什么能损害到你呢？你会发现那些冒犯你的人中，没有什么人能使你的心灵变坏；而恶和损害只有在心灵中才能发生。

如果没受过教育的人做出了很没教养的事，那么会产生什么伤害呢？或者说有什么好奇怪的呢？想一想，你是不是还不如责怪你自己，因为你没有预先料到这种人会犯这种错。你本来有理智给予的方法预料到他会犯这种错，但你忘记了预测，还大惊小怪的。很多时候，当你要谴责一个人背信弃义或者忘恩负义时，你都该回过头来责怪自己。因为这错误显然是源自于你自己，或者是你轻信了一个不守信的人会信守承诺，或者是你在做好事时并不干脆，也并不是除了自己的善行外别无所求，当你做好事时还想着得到更多回报吗？你并不满足于你做了符合你本性的事情，而是还想着寻求别人的报答吗？这不就等于说，眼睛看的时候还要求有报酬，脚走路时还要求有报酬吗？身体的这些部分就是因为这些特别的目的而构造的，它们按照各自的构造工作才成为它们自己；人天生就是为行仁爱之举而构造的，当他做了仁爱的行为或者其他有助于公共利益的行为时，他就是遵照他的构造而行动的，从而也就成就了他自己。

捍卫自我的美德

你需要保持的是自己的美德而不是别人的赞美

如果你已经获得了善良、谦逊、真诚、理智、镇静、豁达，要注意保持它们；如果你失去了它们，请马上把它们找回来。请记住，“理智”这个词表示的是对一切个别事物的明辨和不再无知；“镇静”表示的是自愿接受共同本性指派给你的任何事物；“豁达”表示的是理智部分超越了使人快乐或痛苦的肉体感觉，超越了那些所谓名声、死亡之类的所有微不足道的事物。你要让自己保持住上述的各种美德之名，而不是想着让别人用这些名称来赞美你，那么，你将成为另一个人，进入另一种生活中。否则的话，就是继续成为你原来的样子，被生活蹂躏和玷污，这是一个愚蠢且过分眷恋自己生命的人所具有的品格，就像那些同野兽搏斗时被咬得遍体鳞伤的角斗士一样，虽然浑身是伤和血块，还是恳求要活到第二天，即便翌日他们仍将照样被扔给同样的爪子和尖牙。因此，你要保持住这些美德，如果你能居于它们之中，那就仿佛到了某个幸福之岛居住。如果你发现自己离开了它们，并无法再将它们紧握在手中，那么就要勇敢地退居到你能保有它们的一隅，甚至是马上放弃生命，不是出于一时的激情放弃，而是朴素地、自愿地和谦虚地放弃，在做了这件在你生命中可赞美的事之后，再离开它们。如果，你记住诸神，记住他们虽不愿意被奉迎，但也希望所有理性的存在都被塑造得同他们类似；记住无花果树的工作就是做一株无花果树，记住狗的工作就是做一只狗，蜜蜂的工作就是做一只蜜蜂，人的工作就是做一个人，这将对你大有裨益，并能帮你牢记上述的美德之名。

悲戚、愤怒或畏惧的人就是逃亡者

滑稽戏、战争、惊奇、迟钝、奴役每天都在排挤你那些神圣的原则。在没有研究自然的前提下，你想象了多少事物？你忽视了多少事物？那么，你对所有事情都要去观察和践行，同时完善应对环境的能力，训练你的思考能力，保有对有关每个事物的知识的确信，不炫耀也不隐藏，这就是你的义务。你要等到什么时候才去享有朴素，享有庄严，享有各个事物的知识呢？那些知识包括：组成每一个事物的实体是什么，它在宇宙中居于什么地位，要以现有的形式存在多久，是由什么东西构成的，归属于谁，谁能给予它，谁能拿走它。

这块陆地跟别的陆地一样，这里所有的事物跟山巅、海滨或者任何你愿意去的地方的事物都是一模一样的，对此你要一直保持着清醒。因为你会发现，正如柏拉图所说的，居住在由城墙围绕的一座城里，跟居住在山上牧羊人的一座草棚中是一样的。

从主人那里逃走的人是逃亡者；如果现在自然法是主人，那违反自然法的人就是逃亡者。那悲戚、愤怒或畏惧的人也是逃亡者，因为他们对过去或现在或将来的某些事情有各种不满，而这些事都是由所有事物的统治者所指派的，而这统治者就是所谓的法，它会分派给每个人以合适的东西。所以才说，那悲戚、愤怒或畏惧的人就是逃亡者。

健全的理智应该为所有发生的事情做准备

当你因为别人的错误而生气时，要立刻反省自己，想一想你自己是否犯过类似的错误，比如说，把金钱、快乐或者是一点名声等当作是好东西。通过反省这些，你会很快忘记自己的愤怒。如果再思虑到这一点：这个人是被动做这些的，他怎么做才能够不犯这个错呢？如果你可以的话，或许，那就帮助他从这种被动中解脱出来。那就更没什么好愤怒的了。

健全的眼睛应该去看所有可看见的事物，而不是只愿意看绿色的东西；因为这样的愿望只有病眼才会要求。健全的听觉和嗅觉也应该乐意去听所有可听到的，去闻所有可闻到的。磨盘会磨它天生要磨的所有东西，健全的胃也应该如此对待所有的食物。所以说，健全的理智应该为所有发生的事情做准备。但有人说“让我亲爱的孩子一直活着，让所有人赞美我做的一切”，这就如同说一双病眼只看绿色的事物，或一副烂牙只嚼软烂的食物。

请谨记，那主导你的是一种隐秘于内部的无形力量：这就是信念的力量，就是生命，也可以说这就是“人”。但是，在说到“你”时，并不包括那将你包裹的躯干和依附于躯干的那些肢体，因为它们就像是斧子，只不过是长在身体上面罢了；如果一旦脱离了驱动和制约它们的本原，这些部位实在是比不上织工的梭子、作家的笔以及牧人的鞭子更有用处。

如果有人冒犯了你

正确的理性和正义的理性是同一的

理性的灵魂具有以下特点：它省察自己、分析自己，它按照自己的选择来塑造自身，它自己得益于自己的果实——对于植物和动物而言，其果实或相当于果实的东西则也被别人享用着——不管生命终止于何时，它都会达到自己的目的。舞蹈或戏剧或别的类似活动，只要被什么东西打断，那这个活动就不完整了；而它不一样，它是全面的，无论它在哪里停止，它都会使那之前的东西是充分和完成的，它可以说："我拥有所有属于我的。"它充满着整个宇宙和周围的虚空，审视着宇宙的全部形式；它延伸到无限的时间，囊括和领悟一切事物的世代更替，它知道我们的后人看不到任何新的东西，知道我们的前人也不比我们见得更多。在一定程度上，对于一个四十岁且理智健全的人而言，他会凭着贯通于万物的普遍性，看见所有存在过的和将要存在的事物。理性的灵魂的另一个特点是：热爱邻人，热爱真理，虚怀若谷，只看重遵循自然律的理性自身，不会看重任何别的东西。如此看来，正确的理性和正义的理性是同一的。

从侧枝上剪下的树枝，也必然是从整个树上剪下的。所以说，如果一个人同另一个人分离，那他也就是同整个社会分离。对于树枝而言，是别的东西剪下了它；而对于一个人而言，是他自己的行为把他同社会分离开来，比如他憎恨和不理睬别人时。他并不知道，这时他就是把自己和整个社会分离开了。但他还是拥有一种来自创世之神宙斯的特权，因而能够再度逐渐地回归于我们，并再度变成有助于整体的一个部分，这在他的能力范围之内。然而，如果时常发生这种分离，那么对于分离者来说，回归统一，回到他先前的位置就会变得很困难。当初与整棵大树一起生长至今的树枝依然共享着大树的生命，但那先被剪下来再被嫁接到树上的枝条是不一样的，正如园丁说的那样，嫁接回去的树枝虽然与树的其余部分一起生长，但它与大树并不同心。

人们都希望自己高人一等，却又都匍匐在别人面前

假如有人藐视我，让他自己去在意这种藐视吧。而我要在意的是：人们认为我做不好的那些事，或者说人们因之藐视我的那些事。有人憎恨我？让他去在意这憎恨吧。而我要做的是，对每个人依然和善、友爱，甚至乐于向憎恨我的人指出他的错误，但并不是斥责他，也不是佯装忍耐他，而是像伟大的福西昂[①]那样高贵和真诚地去指出，除非他顽固不化。因为，作为一个人，应该让诸神看到自己并没有不满或抱怨。如果你正在做着与你本性相合的事情，且对当下按照宇宙本性发生的事也感到满足，那么作为被置于适当位置，以便为促进共同利益而工作的人而言，这些对你怎么会是坏事呢？

人们彼此鄙视，又彼此逢迎。人们都希望自己高人一等，却又都匍匐在别人面前。

那打包票说要待你公正的人，很不正常，也不真诚！人啊，你做的是什么事呢？没有必

① 福西昂：古希腊雅典将军和政治家，因刚正不阿而闻名，曾在柏拉图门下学习。

要这样去通知别人，你待人公不公正，很快就会通过你的行动来展示。愿望应当通过你的行为举止来清清楚楚地表达。就一个人的品德而言，就像恋人能够很快从对方的眼里读懂一切，他的眼睛直接透露了他的品行。真诚和善良的人就像一朵味道浓郁的花朵，其他人一旦接近他就会知道他的意愿；装模作样的诚恳则像一根弯曲了的木棍。而豺狼的友善（虚伪的友善）是最为可耻的，所以要极力避免这种友善。淳朴、真诚和善良都会显示在眼睛里，清晰可见。

如果有人冒犯了你，你需要记住的九条原则

1. 我和他们之间的关系是什么，我们生来就是要相互合作的；另一方面，我生来就位于他们之上，就如同羊群中的领头羊、牛群中的领头牛一样。要从这个最先的原则来考虑问题：如果事物不仅仅是原子般的存在，那排列一切事物的就是自然，如果是这样的话，低等的事物就是为高等的事物而存在的，而高等的事物就是要为了彼此的利益而相互合作的。

2. 想一想冒犯了你的人，他们在吃饭时、在睡觉时是什么样的人，尤其要想一想他们是在什么样的压力下形成的意见和行动，以及他们做那些事时带着什么样的傲慢。

3. 如果人们做的事恰如其分，那我们就不该恼怒；如果他们做的不合适，那他们这么做显然是出于无知和不自觉。每一个灵魂都不愿意被错误蒙蔽，同样地，它也不愿意自己的力量被剥夺，这力量是自然赋予每个人的德行。所以，当人们被认为是狡诈、背信弃义、贪婪无度，总而言之是做了坏事的人时，他们是痛苦的。

4. 想一想你也做了不正当的事，你和他们差不多，虽说你避免了某些错误，但还具有犯这些错误的倾向；而且你避免了这些错误，或许是因为怯懦，或许是因为怕影响名声，或许是出于别的什么不纯动机。

5. 想一想你甚至都不知道人们是否真的做了不正当的事，因为有许多事情涉及的关系很复杂。总而言之，必须要学习很多东西，才能够对他人的行为做出正确的判断。

6. 当你深陷烦恼或悲伤时，去想一想人的生命不过是一瞬间，我们很快就都会死去。

7. 让我们烦恼的不是人们的行为，因为那些行为的根本原因是来自于人们的支配原则，让我们烦恼的是我们自己的看法。所以要先去除这些意见，果断放弃你对一个行为的评判，哪怕那是关于什么极坏的事情的判断，这样你就不会再愤怒了。那么，要怎么去除这些意见呢？你要知道别人的恶行不可能带给你耻辱，因为只有自行作恶才是可耻的，否则的话，你也肯定会去做诸多不正当的事了，比如成为一个强盗或者别的什么。

8. 想一想这种行为引起的愤怒和烦恼给我们带来的痛苦，那要比这种行为本身带给我们的痛苦还要多得多。

9. 要知道好的气质是不可征服的，只要它是真的，而非虚心假意和逢场作戏。想一想，最蛮横无理的人又会怎么对待你呢？如果你始终保持和善的态度，在条件允许的情况下，你要温和地劝导他；在他打算要伤害你的时候，心平气和地纠正他的错误，你要这样对他说：“我的孩子，不要这样做，我们被选中是为了别的事，我肯定不会受到你的伤害，而你现在这样却会伤害到你自己。”我的孩子——用这样温和的口吻，用这样的一般道理说给他听，并告诉他即使是蜜蜂也不会做他那样的事，更不必说那些生来就是要合作的动物了。你说这些话时，一定不要带任何双关语或以责备的语气去说，而是要温柔地、心里不带任何怨愤地去说；不要弄得你好像在对他做演讲，也不要像是试图博取旁观者的掌声；如果有别人在场，那就应该选择与他独处的时候再说……

记住以上九条规则，把它们当作是从缪斯那儿收到的礼物。在你活着的时候，你终将开始成为一个人。不过，你必须既不迎合人们，又不因他们而烦恼，因为这两者都违背社会且导致伤害。在你被别人激起愤怒时，在心中想一想这个真理：被情绪左右是没有男子气概的，反而是宽厚和善、顺乎人的本性才更有男子气概；并且拥有这些品质的人也拥有力量、气概和勇敢，而那些受情绪和愤懑左右的人并不拥有这些。心灵在多大的程度上摆脱情绪，它也就在多大的程度上更接近力量，正如感觉痛苦是软弱的特征一样，愤怒也是软弱的一个特征。

因为屈服于痛苦的人和屈从于愤怒的人，都是屈服，两者都会受到损害。

如果你愿意的话，还要从缪斯们的头领阿波罗那里接受第十个礼物，那就是：希望坏人不做坏事，这简直是疯了，因为这是希求一件不可能的事；而只许坏人对别人作恶，却期望他们不对你做任何坏事，那是没有理性和武断的。

使自己所有的努力都指向同一目标

在生活中没有一贯的目标的人，他的一生是不可能和谐和统一的。还要加上一点，否则我刚说的这一点还不足够，那就是：这个目标应该是什么。对于许多事物，人们从这种或那种的角度考虑认为它是善的，但他们的意见并不一致，而只有对某些关系到共同利益的事物才具有一致的意见；同样的道理，我们应该把具有共同社会性和政治性的目标作为我们的追求。一个使自己所有的努力都指向同一目标的人，他的所有行为也就都具有相似性，这样，他一生就能始终如一。

时刻保持心中理性的光芒

你的所有物中，只有理智真正属于你

你由三种东西组成：弱小的身体、微细的呼吸（生命）以及理智。对于前两种东西而言，你对其仅有照管的义务，也是在这种意义上它们属于你；只有第三种东西才是真正属于你的。因此，如果你想把自己分离出来，就等于说是将你的理智从你的身体上分离出来。而且，不管别人做什么或说什么，也不管自己做什么或说什么，不管会发生什么让你苦恼的事情，不管是包裹着你的肉体，还是与肉体天生结合在一起的生命，发生了什么纠缠着你而又违背了你的本性的事情；为了让摆脱了命运束缚的理性自身能纯粹且自由地活动，就该去做正义的事，接受发生的事，歌颂真理。我认为，如果你让这种支配能力脱离那通过感官印象得来的事物，脱离那未来和过去的事物，你自己就可以像恩培多克勒的圆球一样："浑圆无缺，在愉悦的宁静中安息。”

每个人都是更爱自己，却更重视他人对自己的看法

我常常觉得很奇怪，每个人对自己的爱都要超过对别人的爱，但是他对别人对他的意见的重视，要超过他自己关于自身意见的重视。如果一个神或者一个睿智的导师来到这个人的面前，命令他只去思考和计划那些他自己能够脱口而出的念头，那么他简直会难以忍受。所以说，相对于我们怎么想自己，我们更重视我们的身边之人是怎么想我们的。

时刻保持心中理性的光芒

在运用你的原则时，你要像一个拳击手而非角斗士；因为角斗士一旦被击落佩剑就会被杀死，而拳击手只用他的手就足够了，他除了自己的手不需要任何别的东西。

灯光芒四射，直到它熄灭了才会失去它的光芒；你心中的真理、正义和节制，难道说在你死之前就要熄灭了吗？

不要为必然发生的事情而发怒

当一个人好像做了坏事的时候，我如何知道那就一定是坏事呢？即便他确实做了坏事，我又如何知道他没有责备自己呢？这就像撕破了他的脸面一样。想让坏人不做坏事，那就像让无花果树不结果实，不让婴儿哭，不让马儿叫，不让必然的事情发生。品行如此的人又能做什么呢？所以说，如果你对此发怒，那么就先改改自己的脾气吧。

经常用“提升”的方式去思考

遵循以下三条原则：第一，不要做任何不加考虑，或者违背正义的事情；对于你身上所遭遇的事情，要知道这或者是偶然发生的或者是遵照天意发生的，不要谴责偶然性和天意。第二，思考一下，每一个存在的事物，在从种子到它有了灵魂的这段时间中是什么；从有了灵魂到失去灵魂的这段时间中又是什么；思考每一个存在的事物由什么东西组成，又会被分解成什么东西。第三，假如说你突然被提升至高空了，那你要俯察人类，观察他们之间的差异有多大，同时，也看一看四周的空气和苍穹中有多少这样的存在物。经常用这种“提升”的方式去思考，你会看到事物何其雷同，形式何其相似，持存何其短暂。这些事物还有什么是值得炫耀的吗？

符合自然法则的事情向来是公正的

人啊，你一直是这个伟大世界的一个公民，五年还是三年对你有何区别呢？符合自然法则的事情向来是公正的。如果没有暴君也没有不公正的法官把你从这个国家赶走，那把你打发走的只有那送你进来的自然，既然如此，又会有什么困苦可言呢？这正如一个执政官雇佣一名演员，现在要辞退他让他离开舞台一样。——“可是我还没演完五幕，才只演了三幕啊。”——你说得没错，但在人生中，即便三幕也是全剧。怎样才是一出完整的剧，这取决于先前演出这出戏的原因、现在又是解散这出戏的原因的那个人，而你并不是那个人。既然如此，心满意足地退场吧，因为解雇你的那个人已经对此感到满意了。

编译后记

因缘际会，遇到一群可爱的人要做一套有趣的书，我有幸加入这个队伍与之携手奋斗，于是就有了您手中的这本小书，《不纠结的哲学》，这是彩虹哲学丛书中的一册。编译这本小书，于我而言，就如同踏上了一条布满荆棘而又绚丽多彩的幽径。常常是在拨开语言文字的迷雾之后，得以窥见真理的灿烂星辉。

这本小册子主要通过编译三位著名历史人物塞涅卡、爱比克泰德和奥勒留的精彩论说，以向读者介绍斯多葛学派的幸福之道。斯多葛学派是晚期希腊与罗马哲学中的重要一支，与柏拉图学院派、亚里士多德逍遥派、伊壁鸠鲁派并称为古希腊四大哲学流派。斯多葛主义流传广泛、影响深远、人物众多、文献繁杂，上述三位为晚期斯多葛派的重要代表，其著作比较完整地流传至今，并有诸多译文版本。由于译者外语水平所限，编译时主要以有代表性的英文版本为依据。

下面就编译过程中用到的英文版本作一介绍：塞涅卡部分摘译自“剑桥政治思想史丛书”（Cambridge Texts in the History of Political Thought）收录的《塞涅卡：道德和政治论文集》（*Seneca: Moral and Political Essays*），和“牛津世界经典丛书”（Oxford World's Classics）收录的《塞涅卡：对话与论文集》（*Seneca: Dialogues and Essays*）；爱比克泰德部分摘译自 W. A. Oldfather 的英译本《爱比克泰德谈话录》（*Epictetus: the Discourses as Reported by Arrian, the Manual, and Fragments*），和 Nicholas White 的英译本《爱比克泰德手册》（*Handbook of Epictetus*）；奥勒留部分摘译自 Francis Hutcheson 和 James Moor 的英译本《沉思录》（*The Meditations of the Emperor Marcus Aurelius Antoninus*）；也参阅了《斯多葛派的智慧》（*The Wisdom of the Stoics: Selections from Seneca, Epictetus and Marcus Aurelius*）等一些英文版选编文集。这三位哲学家的著作在国内已有不少汉译本，各具特色，颇值一读，笔者在编译这本小书时也做了参考，获益匪浅。必须要承认的是，由于笔者能力和精力所限，在选编和翻译的过程中，肯定存

在一些纰漏，责任在我，也期待各位文友不吝赐教，同学共勉。

此外需要说明的是，这本书的编译既要基于对三位哲学家思想全貌的理解，又要基于对丛书主题的把握，因此，就出现了一个鱼和熊掌难以兼得的矛盾，那就是选文的完整性、全面性和选文的凝练性、代表性之间的矛盾。笔者在选编时花费了大量精力去梳理手头文献，以捋清三位哲学家关于幸福问题的立场和论述思路，并以此为基础，对选文内容进行编排。在通读英译本的过程中，聚焦丛书主题“获得幸福的能力”，对我认为具有代表性的精彩论述进行了摘译。就本书的内容顺序和小标题拟定而言，部分内容遵照了英译本的排序，而另一部分内容进行了打乱重组；部分小标题参照了英译本给出的小标题，部分则是根据文本内容自拟。当然，这种处理仅为一家之言，对三位哲学家的幸福学说，笔者也仅是做了较为粗浅的研究。译文的选编以及每部分的导读，与诸多前辈学者相比，定存在着诸多不足。对此，笔者心怀惴惴，只能竭力而为，若能抛砖引玉，于愿足矣。

这本小册子在选编和翻译的过程中付出了诸多心血。在伏案翻看文献和细细推敲译文的过程中，虽时有身体上腰酸背痛的困顿，但更常有精神上豁然开朗的满足。这种满足和幸福来自于与经典对话，来自于先贤哲人无声中给予自己的精神洗礼，当然更来自于本书的话题，这本书恰恰是如何获得幸福能力的谆谆教导。在消费主义、内卷扑面而来的当下，浮躁、焦虑以及抑郁的感觉成了浮在幸福之上的浓厚乌云。越来越多想要“躺平”的呼声已经泛滥于网络，然而，躺平不应是丧尸，也不应是等死，而应是想要寻找幸福所在的一种姿态。安静地译一本书，淡然地读一本书，这样躺平有何不可？幸福就在内心，它是简约的，同时也是丰富的。

王铜静
2021 年 5 月